叢書

世界システム 1

ワールド・エコノミー

新装版

原田太津男
市岡義章
山田鋭夫・訳

藤原書店

責任編集

イマニュエル・ウォーラーステイン

Immanuel WALLERSTEIN ed.

THE WORLD-ECONOMY

Japanese translation published by arrangement
with Fernand Braudel Center
through The English Agency (Japan) Ltd.

叢書〈世界システム〉1

ワールド・エコノミー　目次

叢書〈世界システム〉発刊の辞　I・ウォーラーステイン　4

序　国民的発展か世界経済的発展か　I・ウォーラーステイン　山田鋭夫訳　7

近代世界システムの発展パターン
――研究計画案――
I・ウォーラーステイン　T・K・ホプキンス他　市岡義章訳　11

▼本論文は、世界システム論に基づいて資本主義世界経済の歴史過程を明らかにするための研究プログラムである。「開発主義的」なアプローチに代わる新たな指針が提示される。

世界経済論的アプローチにおける地理的尺度　P・J・テーラー　山田鋭夫訳　85

▼社会諸科学を地理的尺度で分類すると都市、国民、全世界に三分されるが、これらは真に現実的な全世界という尺度のもとで統一されねばならない。

世界経済の今日的発展
――世界的規模での労働力再生産と資本蓄積――
F・フレーベル　97

ヨーロッパの発展と第三世界
——一つの批評——

▼一九七〇年前後に世界経済は構造転換をとげた。資本主義的生産の再編下で進行しているのは、途上国における世界市場工場の増大と世界的規模での産業予備軍の創出である。

D・ゼングハース　原田太津男訳　155

▼国の規模と対外貿易（離脱か統合か）の関連、農業近代化にもとづく工業化、脱封建化の歴史をふまえて、開発理論の中に、リスト的なアプローチを復権させる必要がある。

ゼングハース論文へのコメント

S・アミン　原田太津男訳　221

▼ゼングハースの議論には大筋で賛同できるが、離脱と統合の定義が曖昧なため、世界システムから離脱する際の条件（とくに人民の権力）に関する展開は不十分なものである。

参考文献　251

叢書〈世界システム〉発刊の辞

イマニュエル・ウォーラーステイン

ここに、雑誌 *Review : A Journal of Fernand Braudel Center* に掲載された論文の翻訳からなる叢書を、日本の読者に向けて提供できることは大変によろこばしい。この雑誌は、世界システム分析における経験的・理論的諸論文を発表する場所として役だつよう、一九七七年に発刊された。毎号 *Review* には、つぎのような編集方針が掲げられている。

「*Review* は、長期の歴史的時間と広域の空間にまたがる経済分析の第一義性、社会‐経済的諸過程のホーリズム、そして主題の過渡的（発見的）性質を認めるようなパースペクティブを追求することを表明する。」

われわれは雑誌そのものとしても、三重の意味で世界大的であろうとしてきた、――歴史における主題内容の地理範囲において、論文の筆者において、そして読者において。しかし文字どおり世界大的であることは容易ではない。その一つに言語の問題がある。この三〇年、英語はたいていの学問的・社会的討論の主要な伝達手段となってきた。なるほどこれは便利なことであるが、しかし明白な欠点をもっている。英語以外の書きことばをもつ論者の寄稿を、量的にも質的にも弱めてしまった。読者も限られてしまった。くわえて英語的なフォーマットでの概念使用を強制することによって、議論を歪めてしまったのである。

Review 誌は当初からこの問題と格闘してきた。英語支配の影響を緩和しようと、われわれは二つの方法を試みてきた。第一にわれわれは、英語以外の言語による論文を詳細な英語版要約つきで掲載してきた。第二に他の言語で出された論文を英訳して掲載した。この日本語版の叢書は、われわれの第三の方法である。

何年かにわたって *Review* は、事実上、現実の世界とりわけ近代世界を論ずる論文を主にあつかってきた。しかしながら概念の再定義をしようとする試論について、それを掲載しようとしなかったわけではない。歴史の社会科学においていくぶん無視されてきたと思われる主題に対しては、われわれはことのほか味方となって誌面を提供してきた。長期波動の分析、いわゆる社会主義諸国の資本主義世界経済への編入の問題（これは一九七七年夏の創刊号で議論ずみの主題である）、一九四五年以後の議論にさきだつ開発諸理論、世界システムへの合体の諸様式、資本主義的生産の非賃労働的な諸形態などの主題に対してである。

ここにわれわれは日本の読者に向けて、特定の主題ごとに諸論文をまとめてみた。この叢書が日本での議論を活発にするだけでなく、日本の研究者がさらにいっそう *Review* に寄稿してくださる機縁となればと願っている。

叢書〈世界システム〉1

ワールド・エコノミー

凡　例

一　本書は、I・ウォーラーステインの責任編集による叢書〈世界システム〉の第一巻であり、この叢書は日本語版のために独自に編集された。

二　ここに第一巻『ワールド・エコノミー』として編集・訳出された諸論稿の原題や初出は、順に左のとおりである。新稿の「序」を除いて、いずれも雑誌 *Review*（Fernand Braudel Center for the Study of Economies, Historical Systems, and Civilizations, State University of New York, Binghamton）に掲載されたものであるので、以下では誌名を省略する。

Immanuel Wallerstein, “National Development, or Development of the World-Economy?”, (Introduction to *The World-Economy*, 1991.)

Immanuel Wallerstein, Terence K. Hopkins & others, “Patterns of Development of the Modern World-System”, I-2, Fall 1977.

Peter J. Taylor, “Geographical Scales within the World-Economy Approach”, V-1, Sum. 1981.

Folker Fröbel, “The Current Development of the World-Economy: Reproduction of Labor and Accumulation of Capital on a World Scale”, V-4, Spr. 1982.

Dieter Senghaas, “European Development and the Third World: An Assessment”, XI-1, Win. 1988.

Samir Amin, “Comment on Senghaas”, XI-1, Win. 1988.

三　訳文中、（　）は原文のまま、〔　〕は訳注ないし訳者補足、「　」は原文の“　”であり、また、、、は原文が強調のためのイタリックの箇所である。

序　国民的発展か世界経済的発展か

イマニュエル・ウォーラーステイン

二〇世紀思想の中心をなす観念のひとつは、一八世紀ヨーロッパで展開され一九世紀ヨーロッパで実行に移された進歩という観念が、世界の他の部分にもひとしく適用可能であるというものであった。これはとくに一九四五年以降の時期に、「国民的発展」こそあらゆる政府の主要課題であり、かつそれは実現可能な目標だという観念として理解された。

社会科学は、このおそらくや普遍的な目標を達成しようと試みたのであるが、そのさい、理論的フレームワークとしては三つのものがあった。一九五〇年代および一九六〇年代に西側の思想を支配したのは、近代化論であった。近代化論は分析単位として、国民国家を基礎としていた。この理論にあっては、各々の国民国家は、過去から未来へとさまざまな段階を通っていく実体であった。そうした諸段階の各々についての精密な名称や描写は、論者によって異なっていた。

そういった形態分類学のうちで最も有名なのは、たぶんW・W・ロストウ『経済成長の諸段階』であった。ロストウにとっては、「離陸《テイクオフ》」として知られている鍵となる一段階があった。これは困難をともなう時期であるが、もし一国がこの段階を通過することに成功するならば、その国は「近代化」(そして「工業化」)されるであろう。というわけで社会科学者は、各国は何によってこの段階を成功裡に通過できたのかを発見しなければならないのであり、ついで政治家や官僚が、そこから得られた教訓を公共政治に適用しなければならないのであった。成功の「秘密」なるものは大いなる論争問題となった。だが、たいていの近代化論者が一致したのは、世界市場への開放度、「中間階級」の肥大化、適切な「文化的」変化が重要だということであった。過渡期の国家は複数政党制がいいか権威主義的なのがいいかの問題は、この思想学派内部でも意見の相違があった。だがしかし、正しい方式が絶対に存在するのであり、もし国家がそれを適用すればその国は進歩し国民的発展をとげるのだという点では、全員が一致していたのである。

第二の思想学派は主としてソ連で展開された。これもまた分析単位としては近代化論と同じであって、つまりは国民国家のそれであった。諸国は過去から未来にかけて、一連の諸段階を経過していくと説く点でも、同じであった。決定的な段階が存在すると考える点でも同じであったが、ここではそれは「社会主義建設」とよばれた。社会科学者はこの時期の「秘密」を研究するだろうし、政治家や官僚はその教訓を公共政治に適用していくことだろう。もちろん、そうした「秘密」のうちには、近代化論の発見とまったく異なるものもある。とりわけ、過渡期における前衛政党の役割が強調され、世界市場への開放度は強調されなかった。にもかかわらず両者の相違は、それぞれのイデオロギー的代弁者が言うほどには大きくなかったのである。

第三の思想学派は主として第三世界で登場した。しばらくの間、それは「従属理論」とよばれた。ある国家が「国民的発展」を遂行する能力において鍵をなす要素は、その国家の世界市場への組み込まれかたにあるのだと主張することによって、この従属理論は、近代化論者のモデル（および暗黙のうちに社会主義建設論者のモデル）を攻撃した。このグループが使用した言葉でいえば、世界経済の「中枢」に位置する国家にとって意味をもった政策を、「周辺」に位置する国家にあてはめることはできないというわけである。まったくのところ、まさにその正反対なのだ。周辺部の国家が依然として「低開発」なのは、それがまだ「離陸」を経ていないからなのではない。そうではなく周辺部の国家は、世界市場へと参入した結果として低開発となったのだ。周辺部国家の状況は時とともに悪化しこそすれ、改善されはしなかったのだ、と。

　だがいったい、従属論者によるこうした分析にはどういった政策的含意があるのか。多くの者が教訓として引きだしたのは、それでもやはり第三の政策セットがあるのであって、もしそれが国家レベルで適用されたなら、その国は国民的発展をとげうるであろう、ということであった。そうした政策は「自《オー》生的《トノマス》」発展をともなうものであり、これは世界市場からの全面的ないし部分的な「離脱《デリンキング》」を基礎とする、というわけである。

　一九七〇年代に第四の思想学派が現れた。この学派は、国際構造にかんして従属論者が強調した点を、さらに展開した。それは「世界システム分析」とよばれている。そして、全体としての近代世界システム（ないし資本主義世界経済）こそ時間的に「発展しつつある」唯一の実体なのだ、と主張した。この学派は、「低開発」は世界システムの発展の帰結であって周辺部の困窮の原因ではないという点で、従属論者に賛成する。しかし、周辺部国家がもっと別の政策セットをとったならば状況は変わりうるだろうという、かれらの主張には反対する。

この第一巻の冒頭論文は、世界システム分析の初期の理論的声明である。テーラー論文とフレーベル論文は、そうした議論をさらに練り上げたものである。ゼングハース論文はおそらく、周辺部国家が利用可能なオルタナティブな国家政策セットはありうるのだと主張する、従属論者の一分派による議論としては、最も洗練度の高いものである。彼は一九世紀ヨーロッパの経験から、自らの教訓を引きだしている。これに対してアミンは二〇世紀第三世界の経験から、ゼングハースの議論に修正を迫っている。

論争は今日なおつづいている。それどころか事実上、旧「社会主義陣営」における「諸共産主義の崩壊」によって、論争はいっそう尖鋭化してきた。何よりもこれら諸体制の崩壊は、国民的発展をめざしたかれらの企ての崩壊であった。一九九〇年代への移行とともに、われわれはまさに「国民的発展」という概念そのものを、全面的に再考しなければならないのである。

（山田鋭夫訳）

近代世界システムの発展パターン

——研究計画案——

イマニュエル・ウォーラーステイン
テレンス・K・ホプキンス他＊

一　焦点としての近代世界システム

過去十年くらいの間に、社会科学における「開発主義的」“developmentalist”なパースペクティブはますます批判にさらされるようになった。この「開発主義的」パースペクティブは、今日の世界の（さらには近代世界の）社会の変化を描き、解釈する支配的な様式を提供してきたものである。それは、社会の変化を研究するための理論的単位が抽象的な「社会」であるということを、基本的な前提に想定している。したがって、世界は、それぞれが本質的に同じ発展の道を辿って上昇していくような、関連しあってはいるが基本的には自律した多数の「社会」からなると言われる。（それらの「社会」は、検討を加えてみれば、通常、世界地図に示された国家を中心とした実体であることが判明しよう。）このパースペクティブによれば、当然のことながら、ある「社会」は他の「社会」よりも早く上昇を開始し、後発社会に発展の道を示すことになる。そしてある「社会」は、時には、他の「社会」よりも急速に発展し、したがって、後発の「社会」は歴史的変化の強制を被るのである。こうしてそれらの「社会」すべては、おおまかに言えば、y軸上に発展水準、x軸上に歴史的時間をとった象限において、平行した発展の様々な軌道を描くことになる。このようなイメージが前提とされれば、社会科学者の課題は明確なものとなろう。すなわち、それは、つぎのような問題に関して、理論を組立て、そして実証することである。ある「社会」はなぜ他の「社会」よりも早くスタートしたのか。なぜ他よりもはるかに先に進んだのか。なぜ（そしてどのような犠牲のもとに）他よりも速く発展したのか。そして現在の後進「社会」（「発展途上社会」）はなぜ遅れており、そしてすでに発展した「社会」（「先進社会」）に追付くためにそれらはなにをしなければならないのか。発展についてのまことしやかな説明というこの基礎の上に提起された、理論、構成、仮説の配置は、現代の「開発主義的」パースペクティブの本質を含んでいるのであり、またそれはきわめて多様である。

だが、「開発主義的」なパラダイムを前提にして、そのようなパースペクティブの理論や解釈の不十分さを批判するということは、近年あまり見られなくなってきている。むしろ、こうしたパラダイムそのものへの批判が増大してきているのである。「開発主義的」なパラダイムの前提というのは、異なった時期にスタートし、異なったスピードで進むのではあるが、だいたい同じ道を互いに関係しあいながら発展していく、相対的に自律した「諸社会」から世界は成るというものである。このような前提に基づくパースペクティブに代えて、批判者たちは別の前提を提起しつつある。かれらが近代社会の変化を研究するためのパースペクティブのオルタナティブとして基本において提起しているものこそ、われわれが「世界システム」と呼ぶものである。(1) このパースペクティブの前提は、社会的行為がなされ、そして社会的変化が生まれるアリーナは、抽象的な「社会」なのではなくて、時間と空間に規定された全体としての「世界」なのだということである。「世界」の空間的な範囲というのは、それを構成している領域もしくは地域間の基本的な分業と同一の広がりをもつ。また、その時間的な範囲は、この基本的な分業が絶えず「世界」を社会全体として再生産し続ける限り（「世界」の空間的な範囲が拡張していこうと、縮小していこうと、あるいは不変であっても）、存続していくとされる。近代の社会的行為や社会的変化がそこで生じるこのアリーナは、とりわけ一六世紀にヨーロッパ中心的な世界経済《ワールド・エコノミー》として出現してきた近代世界システムであった。そしてまたそれは現代世界のアリーナでありつづけているものでもある。このとき以来、「世界システム」は、地理的な範囲においても（今では地球を包み込んでいる）、生産能力においても（資本形成）、全体としての統合という点においても（世界的規模での相互依存性）、そして社会的関係の浸透と組織化においても（「商品化」と階級形成）、拡張と収縮のサイクルを通じて成長してきた。世界システムは、「空間的に」は、資本蓄積と不等価交換の過程を通じて結合され再生産される中央と後背地という——あるいはわれわれの言う、「中核」と「周辺」という——常に存続している区分として作用してきたのである。世界システムはまた、「時間的には」、（長期的《セキュラー》なトレンドと看做される）「成長」が（「成長率」のトレンドを加速したり減速したりすると看做される）「波動」を通じて実現しそして継続されるというように、基本的に循環的な形で作用してきた。循環の諸局面は、分業圏がそうであるのと同様に、社会的行為の継続的な結果であるだけでなく、社会的行為の実質的な条件であり、またそれらの結果を生み出す実質的な強制なのである。

　近代世界経済が一六世紀に出現した時、全体としての統合はきわめて緩やかなものであったと言えよう。政治的な支配権、あるいは君主権についても同様であった。世界経済の出現は、これらを相互に結びつけられた関係へ至らしめることになる。ヨーロッパ規模での（後には国際的規模での）国家システムが出現してくると、世界システムの中の「中核」地域と「周辺」地域との間で循環的に発展していく分業とともに、相互に関係しあった強弱さまざまな国家からなる国家組織体の漸進的な形成が進んできたのである。そして世界経済は、強い「中核」国家と弱い「周辺」国家というますます相互に関係づけられていくシステムとして、基本的に構成されるに至った。そのようなシステムの中で、国家間の諸関係が——したがって、国家形成のパターンならびにその状況下において国民的に組織された「社会」の形成といったものが——たえず生み出され、そしてまたそれらが生産の世界的規模での分割と統合の深化と拡張をたえず生み出すのである。しかしながら、世界規模での生産の統合と強力な国民国家の形成というこれらの二つの広汎な組織化の傾向は、一定の時、一定の場所では相互にいかに補強しあうことがあろうとも、原理的に深く背反している。国家が統合しようとするものを、世界経済はバラバラに壊してしまうようなものである。これら二つの組織化の傾向の間に常に存在する緊張あるいは二律背反は、世界システムのパースペクティブの基本的かつ主導的な関心の一つなのである。

特殊に「経済的な」側面（分業）と、特殊に「政治的な」側面（国家の形成）に加えて、近代世界システムには第三の基本的側面がある。すなわち、広汎な「文化的」側面である。これについては、世界史の発展における不可欠の側面として系統だてて理解されることはあまりないのであるが、論究される必要のあるものである。世界システムは、いわば、相互に関係しあった国家の多様性といったものを含んでいるのと同様に、相互に関係しあった文化的なコミュニティの多様性（それらはしばしば重なり合っているのだが）——例えば、言語コミュニティ、宗教コミュニティ、エスニックなコミュニティ、人種、身分集団、階級コミュニティ、学問上のコミュニティ、等々——をも含んでいる。以前から存在していたいくつかのコミュニティは併合され、再構成され、また他のいくつかのコミュニティは破壊された。そしてすべての「人々」を含むまったく新しいコミュニティが形成されたのである。基本的な概念上の作業が第一になされる必要があるので、われわれの提案においては、世界システムのこの側面に特別な焦点をあてることはしない。だが、文化的コミュニティの形成と分解は、他の二つとは異なった第三の広汎な組織化傾向なのであって、それ自身固有に基本的な諸過程を形成している。したがって、われわれの提案する研究計画では、近代社会の変化の文化的側面という、この基本的な次元の多くの論点にも必然的に触れることになるであろう。

二　世界システム研究の現状

様々な研究者が、世界システムのパースペクティブを練り上げ、そして使用するようになった。その結果、このパースペクティブの理論化を行うのに必要な主要概念のために、広く共通の用語が生まれた。これらの概念はそのものとしては新しいものばかりではない。しかしそれらはある程度新たなやり方で、また新たな相互的な関連規定の中で使用されている。これらを、分業、国家システム、循環的なリズム、長期的なトレンド、という四つの項目に分けよう。

1　分業

分業という一般的概念は、周知のように、社会的変化についてのあらゆる理論の基礎を様々に形成しており、現代の文化人類学、経済学、社会学の中心的な概念である。だが近年では、分業の概念が含み、またこの用語が示す諸過程（たんに諸条件だけではない）について本格的に取り組んだ著作はあまり見られなくなっている。

スミスの分業に対する信頼（『国富論』、一七七六年）や、社会的分業と作業場内分業とのマルクスによる不可欠の区別（『資本論』、第一巻、一八六七年）に続いて、ビュッヒャーは、およそヨーロッパで歴史的に生じた順に分業の過程の五つの形態を描いた（『産業の発展』、一八九三年）。ビュッヒャーは、この過程を、資本の集積と集中の進展を必然とするような、資本集約度の増大していくトレンドとして理解した。経済的・技術的分業とその社会的側面についての、ウェーバーの有名な叙述（『経済と社会』、第一部、一九二二年）は、丹念な分類上の図式化による、ビュッヒャーの著作の焼きなおしである。（それはウェーバー自身の認めたところである。）かれは、歴史的な発展ならびに、基本をなしている発生史的な概念上の連続性をも排除することによって、この分類の図式化をはたしたのである。

レオンチェフの投入-産出分析にはコメントが必要である。かれは、直接に投入-産出分析をしないで、分業の発展過程をまず想定した。そして各国の習慣にしたがって分類されている現存の産業配置は（アメリカ合衆国では、SIC〔産業標準分類〕コードにしたがって分類されている）、産業間の相互関係の各々を評価するという目的のために、所与とされた。だが、その産業配置は、いわば分配を「基礎付ける」構造として、生産の本質的に関係的な性格を、もっとも明解に示しているというきわめて単純な理由から、大きな概念上の重要性（技術上の重要性とともに）をもつものであった。誰があるとき何をもっているのかということは、誰が誰からなにを受け取るのか、そして誰が誰に何を与えるのかという連続したフィルムの一齣として示されるのである。（一国の産業配置の「算術的」操作はつぎのことを意味していた。産業連関表の行、列それぞれの総計に要約的に示される分配は、マトリクスに表現された関係の「結果」だということである。）かれの分析が明らかにしたように、労働の「分割」は、現存する一連の関係の内部の過程に関連している。それは、デュルケムがつぎのように指摘するものである。

「……分業は、すでに構成された社会の構成員の間でのみなされうる。」

われわれはこのように、生産の関係的構造から構成され、それを絶えず再生産し、そして規則的に変えていく過程を示すために「分業」という概念を使うのである。近代世界におけるこのような過程は、主として世界的規模での関係的な構造である。この関係的構造の明瞭な形態は、計算によって記録され、地図上に示される等々というように、物的財の時間的‐空間的運動によって主に与えられる。

殊に世界規模での生産関係は、過程の支配的なパターンを明らかにする。支配的パターンというのは、ある地域は、互いに作用しあうことから生じる多くの関係的な諸結果によって、中核もしくは中心として現われ、他の地域は、相互に作用しあいそしてそれらの地域を世界システムの運動のアリーナとして位置付ける少数の関係によって、中心の後背地として現われるような過程である。（この意味で、それは都市‐農村関係という伝統的な地域的規模でのイメージに似ている。）世界的規模において、世界経済を規定し統合する分業の過程は、二分化した全体を形成する。すなわち、それは、「中核」と「周辺」とわれわれがよぶ対立した一対の複雑な組合せへと、「世界」を分割するのである。

中核-周辺

中核（もしくは中心）と周辺という対概念は、ラウル・プレビッシュとかれの共同研究者たちによって、国連ラテンアメリカ経済委員会の初期の頃に、現在使われている意味で初めて広く使用された。[2] かれらの仕事の中心は、国際貿易においては工業生産物に比べ、農業生産物と鉱業生産物の「交易条件」が悪化していることに関するものであった。そして中核-周辺の用語は、「中核」を形成している工業品の輸出国（北大西洋の工業諸国と日本）と、「周辺」を形成している農業生産物と原材料品の輸出国（非共産主義世界の残りの諸国）という、国際貿易における二つの大きな構成部分を示すということのために使われた。[3] これら中核と周辺という二つの柱は、考察される当面の時代では所与と看做され、かれらの関心は一次産品の交易条件を悪化させる特定メカニズムにむけられた。（このメカニズムの定式化は部分的にはエマニュエルの「不等価交換」の分析を予示するものであった。「不等価交換」については、この後まもなく論じる。）このメカニズムの存在は、一般によく知られているリカードゥの「国際貿易の理論」の基本的な前提に反した。それ故にそれは、理論的に生じるべきものが、なぜ実際のところ歴史的には生じないのかを説明するものと言われた。この考え方は、ミュルダールの「循環と累積原因の原理」、あるいはヌルクセの「貧困の悪循環」にさえもいくぶん似たものである。それは、すでに確立している世界的規模での地域的な分業が、どの様に存続してきたのかを示すプロセスのための確固とした枠組を、提供したのである。[4]

しかしそこでの分析は、分業の過程にむけられることはなかった。輸出特化の各々のパターンは、分業の過程をとおして、はじめに形成されその後世界システムの発展に応じて深められる。そして分業の過程をとおして、この輸出特化のパターンは、それが位置付けられている社会構造や国家構成を係留しまたそれらによって係留されるのである。バランの著作によりつつ、中核-周辺概念に「長期視点」を導入することによって、この考え方を、特定の時点での一定の状態から、資本主義の――特に資本主義世界経済の――歴史的発展における「恒常的な」特質へと転換させたのは、「従属」論者（かれらは初めは、ラテン・アメリカの現状や歴史の研究者であった）として後に知られるようになる人々であった。[5] かれらの研究の中心をなす理論的テーマは（A・G・フランクの言葉をかりれば）、「低開発の開発」であった。この見解では、「経済的後進性」は、遅れて出発したという問題ではまったくなく、資本主義の興隆の過程の中で結果として生み出された一つの状態なのである。このようにして中核-周辺の概念は、周辺諸国のトレンド、パターン、事件、条件といったものの分析のための装置、しかもきわめてダイナミックな装置として、これらの研究者たちに役立ったのである。

世界システムのパースペクティブにおいては、このようなものとしての中核-周辺関係が中心をなす。というのはそれは、世界的な社会経済を、発展の継続的な諸局面において規定し境界づけるような単一の支配的な分業を示しているからである。周辺をともなった中核と、中核をともなった周辺は、つねに相互の関係においてのみ現われ、そして発展してきた。なるほど、中核過程と周辺過程は世界システムの発展の過程の中で絶えず位置付けなおされてはいる（それはシステムがもたらすのであって、偶然的な理由によるのではない）。しかしながら、それらの過程の統合は、依然として資本主義世界経済をとおして中心的な構造的特色でありつづけているのである。今世紀になってはじめて、「世界」は地球全体にまで広がったのであって、およそ過去四世紀のあいだ現実の世界（地球）の大部分は、分業の一部ではなく、分業の「外部」にあった。今世紀に至って、世界の大部分が、いわば、システムの拡張とその結果である「周辺化」に服したのである。周辺からの一次産品、中核からの二次産品としてしばしば言及される特定の生産統合は、中核-周辺の分業という概念にとって、付随的なものにすぎないのであって本質的なものではない。というのは、中核-周辺の分業は、統合された生産過程間の分業であって、特定の生産物間の分業ではないからだ。もっとも、以上の考察は概念を練り上げるものではあるが、この概念を正当化するものではないのであるが。

関係によって形成された単位、グループ、あるいは層（これらは、関係によって作られたのではなく自らが関係そのものを作り出しているかのごとくに端点間で作用するものとして、しばしば誤って考えられている）は、単位やグループ等々（ここでは、世界の諸領域、諸国家、諸地域、植民地等々）の内部もしくはそれらの「間」における分布に関する整然とした分類法としても役立つであろう。このような意味においては、中核-周辺という関係概念は、他のあらゆる関係概念と同じなのである。こうして、中核「内部」あるいは周辺「内部」の国家の存在について語ることもできるであろうし、またそれらを時間の経過にしたがって、「中核状態」から「半周辺状態」への、あるいは、その逆の「移行」として述べることもできるであろう。誇張した言い方であるかもしれないが、分析が、各地域の内部もしくは地域間の諸特質に関する度数分布を横断的に考察したり、自然社会の比較研究のように、こうした度数分布の脈絡を縦断的に考察するレベルにある場合には、このような定式化は実際のところ不可欠なのである。

半周辺

半周辺という関係的カテゴリーは、中核-周辺の概念から明瞭に引き出され、したがって、論理的には明快なものである。しかしこの関係的カテゴリーは、中核と周辺から構造的に区別された、第三のカテゴリーが存在するという、いまだいくぶん論争的なテーゼの基本要素である。そこで、われわれはこの半周辺という関係的なカテゴリーを、ここで独立の一項目として簡単に述べておきたい。植民地の建設と拡張において、帝国権力は一つの地域集団を他の地域住民を支配させるためにしばしば利用したということが、植民地支配を研究する歴史家たちによって注目された。こうした事実は、「準帝国主義」"sub-imperialism" という分類を正しいものとするような、関係的な発展を意味している。[6] 世界経済全体を見ると、いくつかの国家は、中核-周辺構造の明らかに「中間」にある。すなわち、それらの国は、その国境の内部に(近接してはいるがめったに関係することはないセクターとして)、中核諸国家に関係した周辺的過程と近隣の周辺諸国家に関係した中核的過程とをあわせもつのである。[7] このような第三のカテゴリーが存在することのシステム上の理由について議論が行なわれてきた。第三のカテゴリーの存在は中核諸国家、半周辺諸国家、周辺諸地域の間における基本的に三極の世界規模での分業に、必然的な特色(経済的理由と政治的理由に基づいているのだが)なのだ、ということが議論されてきたのである。[8]

不等価交換

特定の配置をとおして種々の部分的な生産過程は単一の世界的な社会システムや世界的な社会経済へ

絶えず統合されていくのであるが、中核-半周辺-周辺 core-semiperiphery-periphery という概念は、それ自身としては、そういった特定の配置とは無関係である。この統合は、植民地貿易独占（東インド会社のような）や現代の多国籍企業内部の取引によって、そしていくつかの商品交換や二国間もしくは多国間のバーター取引協定に媒介された世界的規模での市場等々によって生じるものであろう。だが中核-半周辺-周辺という概念の中心をなすものは、一組のメカニズム（それは、外見上、多様な配置や形態を通じて作用しうるのだが）を通じて作用し、絶えず中核-周辺という基本的な分業そのものを再生産するような不等価交換の事実なのである。それは生産過程の現実の編成において数世紀にわたって生じた大きな変化にもかかわらず、また中核、半周辺、周辺を構成している地域や過程の絶えざる移動にもかかわらず、存続してきたものなのである。

不等価交換が生じてくるこの一連のメカニズムの本質は、世界システム論のパースペクティブを共有する人々の間において、現在盛んに行なわれている論争の対象である[9]（そしてその一切の定式化はこのパースペクティブを呪いと看做す人々を生み出したのでもあるが）[10]。とりわけ周辺地域における、労働、生産過程、輸入のための中継市場や最終市場、そして輸出活動といったものを、中核国家の代理人たちは、帝国-植民地の政治的関係を通じて規制していくのだが、この政治的関係は、メカニズムそのものは明確にされないままに、何人かの論者によって、基本的なものと考えられている。ＥＣＬＡ（国連ラテンアメリカ経済委員会）の研究は（二次産品に比較して）一次産品の交易条件が長期的に悪化していくことに焦点をあてるものであるが、そのＥＣＬＡの研究にあっては、不等価交換のメカニズムは技術的な進歩（生産性の増大）によって生じる利益の分配を通じて作用すると考えられている。つまり中核国家では、様々な理由から、技術進歩の利益は低価格よりも高賃金という結果を通常もたらし、他方、周辺地域では、反対の結果をもたらすというわけである。こうして、中核地域の人民は、周辺地域の商品の低価格を通じて、周辺での技術進歩から利益を得るのに対して、周辺地域の人民は、かれらが中核地域の商品に支払わねばならない実質価格の相対的な増大のせいで、中核地域の技術進歩から損失を被らねばならない。エマニュエルはつぎのように論じてECLAの定式を逆転させた。中核地域の人民と周辺地域の人民との間での賃金水準もしくは福利の格差は、技術的進歩からの利益あるいはその分配とは独立に急速に進んでいる。したがって、この賃金水準と福利の格差はこのメカニズムの継続的な結果というよりも、その主要な原因を成しているのである、と。アミンは、エマニュエルのテーゼを洗練させて、賃金水準と福利の格差を、統合されてはいるが対立して発展していく世界システムの二つのアリーナ間における、労働過程の編成の長期的な差異と、それによって生じる社会構造上の長期的な差異に、関連づけた。

資本蓄積

蓄積過程（国富の原因）は、社会科学において理論的研究と歴史的研究の複合的で意図的な主題の一つをなしてきた。だが、われわれの研究計画案においてこの問題は、他の問題と較べてあまりしっかりとした基盤をもってはいない。それで、世界システム的なパースペクティブに至る思想の展開を、示唆的にさえも方向づけるのは容易なことではない。ここではわれわれは結局のところ、基本的な問題を認識しそしてごく手短にスケッチするために、パースペクティブそのものを具体的に展開していかなくてはならないであろう。構造的に三つの基本的な問題がある。

一つの問題は、中核における蓄積過程の単位に関連するものである。ヨーロッパには封建制から資本主義への移行期が存在したこと、資本主義は地球の広範な領域へ広がってきたこと、今日世界経済はますます相互依存的なものになっていること、こうした命題はほぼ一般に受け入れられているものである。ヨーロッパにおける資本主義の発展に関するひとつの考え方――それは、世界システム論のパースペクティブに中心的なものなのだが――によれば、資本蓄積は（古いスタイルの用語を使うと）競争する個別の「諸資本」の多様性を通じて作用するのではあるが、それは首尾一貫した単一の過程をなしていたというものである。これとは別の見解は、発展を、相互に関係しあってはいるが基本的に別個の「国民的」蓄積過程からなると解する。その際この「国民的」蓄積過程は、個別の「諸資本」の多様性を通じて作用していくのであるが、これらの「諸資本」は不断に拡張していく「世界」市場の中においてではなく（この点で世界システム論とは対照的である）、国民的に形成され閉じられた「国内」市場の内部において主に競争するとされるのである。

おそらくこの問題に関するもっとも重要な唯一のテキストたるマルクス『資本論』は、それがいかに多くの問題をもたらしたかを示している。というのは、『資本論』は様々な読み方を可能とするからだ。すなわちひとつには、蓄積過程の理論は世界システムの過程を描いているという読み方も可能である。マルクスは、こうした蓄積過程のキーポイントをイギリスの出来事や条件についての長たらしい余談によって描いているというのである。あるいはまた次のような読み方も可能である。すなわち、蓄積過程の理論は、それぞれ別個ではあるが、歴史的には連続した諸々の過程として描かれているというものである。そこにおいては、これらの過程はそれぞれ、基本的には他と類似した種類のものであり、いわば発生史的には他のものに関連しているが、しかしひとつのきわだった国民的単位——その主たるものはイギリスである——を中心に描かれているとされる。われわれは、もちろん第一の読み方を、そしてより一般的には、ヨーロッパにおける資本主義の発展に関する第一の見解を選ぶ。われわれは、指針となるつぎのような多数の仮説を、後に提起するつもりである。すなわち第一の読み方に関して、より明確で経験的な解答を要求するような問題を開示し、そしてそれらの問題を解決するための資料を収集し分析することへ、われわれの研究計画案を導くような仮説である。

第二の問題は中核と周辺にわたる過程の統一性に関連している。ここでは、ヨーロッパにおける資本主義の発展が、いくつかの国民的資本主義という形態にせよ、あるいはヨーロッパ的規模での資本主義という形態にせよ、想定されている。その上で問題は、ヨーロッパから地理的に離れた諸地域における活動が、ヨーロッパの資本主義の発展に果たした役割を問うことにある。世界システム論のパースペクティブは、この問題に対してつぎのように答える。蓄積過程は、中核におけると同様に周辺においても、システムを通じて作用するという点で首尾一貫していたし、また現在もそうである。それは実際のところ、各々の形を変え、様々な種類の生産的活動の配置変えを行うとともに、生産的活動を絶えず分割していくのに応じて絶えずそれらを結合していくのである、と。他方、少なくとも近年まで、二つの見方のうちはるかに一般的なものであった見解〔開発主義的な見解〕にしたがえば、解答はつぎの様なものである。資本主義的な蓄積過程は、産業の資本-賃労働関係を通じてのみ作用する。そしてヨーロッパ以外の諸地域において、この生産関係は偶然には生成することがあるかもしれないが、生産と蓄積の

「自己拡張」システム（資本主義）として現われたのは、ヨーロッパにおいて（後に、北アメリカ、日本において）だけである。世界の他の地域からの掠奪もしくはそれに類する行為は、前資本主義的な「本源的蓄積」という、ヨーロッパの同様のものに本質的に類似しているとされ、それは歴史的には資本主義的発展の理由ではあるがそれに不可欠のものとは看做されないのである。ヨーロッパに貢がれた「富」（それは南北アメリカの鉱山採掘、砂糖・タバコ地帯の奴隷交易や奴隷制、海賊行為、インド洋交易等々によるものなのだが）は問題とされない。この「富」は「資本」とは異なったものとされ、資本主義システムの発展にとくに不可欠のものとは看做されないのである。ここで長い文献リストの代わりに、再び含蓄ある著者の著作が参照されよう。ウェーバー『一般経済史』は第二の観点を極めて明瞭に反映しているように思われる。他方、かれの『経済と社会』全体に散りばめられている短い理論的なスケッチは、明らかに、第一の観点を予示している。

　第三の問題は、蓄積過程の地政学的《ジオポリティカル》な拡張についての、理論的な（経験的なものではなく）重要性に関わるものである。世界システム論においては、蓄積過程の地政学的な拡張は、かつてシステムにとって「外部的」であった地球上の諸地域の、システムの周辺地域（あるいは半周辺地域）への転換として描かれる。この問題は、「恐慌」の循環的な特色についての考察と資本主義的な発展を辿る長期的トレンドをパターン化することに関わる考察を伴うのであるが、この点については後に要約的に取り上げるつもりである。ここでの理論的な問題は、資本主義的な発展がシステムの周辺地域の継続的拡張に負うているのではないとする場合、資本主義的な発展は中核地域においてはたして継続しえたかどうかという点にある。

世界システム論のパースペクティブという視点から研究を行っている現代の研究者の大部分は、必要な理論的仕事の多くをまだ残したままではあるが、蓄積過程の問題にとって理論的に不可欠なものとして、地政学的な拡張のパターンを考察している。問題は、いわゆる「本源的蓄積」過程は資本主義的発展の単なる歴史的な前提条件にすぎないのか、あるいは今も続いている資本主義的発展の本質的な側面(その制度的形態がいかに変えられていようとも)なのかということになるであろう。[11]

2 国家システム

資本主義世界経済の内部で発展してきた国民国家は国際的な国家システムの一部であるという見解は、アカデミズムの一部門としての国際関係論の中心をなしているだけではない。それはまた政治のアリーナにおいて説かれ実践もされているというように、国際法においても中心をなしているのである。[12] またつぎの点をわれわれはかなり確信をもって想定できるであろう。「近代ヨーロッパの国家システムの競争的な特質は……、世界がヨーロッパ的に文明化される以前の政治生活や非ヨーロッパ的な文明世界の政治生活と決定的に区別されるものであり」[13]、個々の国家はこの国家システムの枠組みの中で「形成されれ」てきたということである。[14]

このようなシステムにおける競争もしくはコンフリクトは三つのレベルに存在すると看做されよう。すなわち、強い国家と弱い国家の間、覇権をめざす相対的に強い国家間、国家の内部において国家機構の支配をめざす様々なグループの間が、それである。

支配のパターン——帝国主義

帝国主義の事実は記録された歴史と同じくらい古いのであって、この用語そのものはローマ時代にすでに使われていたものに由来している。新《ネオ》ローマ的用法といわれているものの由来は、一九世紀中頃におけるナポレオン三世に関わるものである。(15)そして現代の資本主義世界経済に特有な現象についてこの語が使われるのは、ホブスンやレーニンに由来している。(16)ホブスンとレーニンの両者は、帝国主義を資本主義の一つの「段階」と看做したのであって、かれらによればその原動因は資本輸出の必要性にあり、その最初の表現は周辺地域における植民地支配の確立にあるとされた。

近年、帝国主義は資本主義世界経済の特定期、特に、植民地主義に関連した特定期を説明するだけの現象であるという想定に対して、〔つぎに述べる「新植民地主義」と「非公式の帝国」という〕二つの新しい用語——それら二つの用語は、異なった時期についてではあるが同じ現象に言及している——に基づいて、異議申し立てが行われてきた。

一つには、第二次世界大戦後におけるアジアとアフリカの「脱植民地化」を見て、多数の政治家、研究者は、直接的な植民地支配の終わりが帝国主義の終わりを意味するわけではないことを論じるに至った。かれらは、周辺諸国の経済的活動へ政治的に介入する中核諸国の継続的な力を説明するために、「新植民地主義」の用語を使ったのである。(17)

他方では、ある研究者たちは、とりわけアフリカの争奪に先立つ一九世紀における中核諸国〔特に大英帝国〕の周辺地域への関係の仕方に関心を示し、帝国主義本国の利益は直接的な植民地支配の負担なしにもっともよく実現されることに注目した。かれらはこの現象を「非公式の帝国」と名づけた。[18]

もしもわれわれが、「帝国主義」という語を、直接にせよ、間接にせよ、世界市場の配置を変えようとするより強い国家（一般的には中核国家）によるより弱い国家（一般的には周辺もしくは半周辺国家）に対する政治権力の使用という意味で使うならば、このようなことは、今まで資本主義世界経済の内部で作用してきたのであって、国家間システムに常に見られる現象であると主張することは容易であろう。そのように考えるならば、われわれは、「非公式の帝国」と、直接的支配としての「植民地主義」を、帝国主義の形態において循環的に交替するものと看做すことができるであろう。

ヘゲモニー／対抗

国家間のコンフクリクトは、相互に関連しあった国家権力の連続体 continuum の両極端にある国家間〔すなわち、最も強い国家と最も弱い国家の間〕において、すべて生じるというわけではない。世界国家システムには「力の均衡」が存在するということは、外交官や政治学者の中心的な見解であった。「力の均衡」は、通常、相対的に強い国家間の関係を指すものであり、国家間のシステムは、時間の経過にしたがって相対的な均衡へ向かう傾向にあると、考えられた。

しかし、しばしば注目されてきたように、この均衡を達成するには明瞭なる二つの方法がある。一つは、複数の「強い」国家が存在するという勢力配置の中で、どちらも圧倒的な強さをもちえないような二組の同盟を作ることである。これは、時には「世界戦争」をも引き起こしてしまうような、休戦状態（現代の「冷戦」）を生み出す。[19]

均衡が達成されてきたもうひとつの方法は、一つの中核権力が他の諸々の中核権力に相対的に優越することを通じてであった。この場合、次位の権力も次位の諸権力の連合も、最も強い中核権力の経済的覇権に効果的に挑むことはできないであろう。このような状況がヘゲモニーとよばれる。

ヘゲモニーは、本来市場を通じて作用するという点で、絶対支配権 imperium とは区別されるのであるが、政治-軍事的な要素や文化的な要素が常に存在してしており、したがって市場を通じてのみ作用しているわけではない。資本主義世界経済は、絶対支配権は存在しないことによって、世界帝国とは明瞭に区別される。[20] だが、そのような絶対支配権は存在しないとはいえ、生産・商業・財政のすべてにおいて、ある中核権力が他の中核諸権力に優越しているという意味では、一時的なヘゲモニーは可能なだけではなく実際に存在してきたと言えるのである。

ブルジョワジー - プロレタリアート

この一対の概念は、フランス革命以来の社会科学の文献の中心をなすものであり、ここであらたに練り上げられる必要性はほとんどない。

世界システム論のパースペクティブの中には、二つの問題が生じうるであろう。一つの問題は、この相容れない二階級が、国境内部においてあるいは国境を越えた同盟の内部において、どの程度影響を及ぼすと看做されるのかということである。これは伝統的な問題の立て方であろう。だが近年においては、この階級間のコンフクリフトはおもに国家間のコンフクリフトとして現れるということが論じられるようになった。すなわち、「プロレタリア国家」と「ブルジョワ国家」として現れるのである。[21]

しかし、第二のより基本的な問題が提起されている。それは、世界人口の二五パーセント未満はプロレタリアートとブルジョワジーのどちらかのカテゴリーに分けることができるというように、二つの階級の定義を所有権に結び付けることがどの程度適切であるのかということである。世界経済の様々なゾーンには、付随的にではなく本質的に、多様なプロレタリアの形態が共存している。賃金労働者の状態は、資本主義世界経済の内部にあるこれらの様々な形態の中の一つにすぎないのではないかということが問題なのだ。同様に、資産を持つ企業家は、多数の有産者《ブルジョワ》の形態の中の一つにすぎないのではないか、そしてそれは最も一般的なあるいは最も重要な種類なのかということが問題なのである。

3　循環のリズム

資本主義が循環のリズムの中で作用しているということは、おそらく社会科学においてほとんど議論されることなく、一般化されていることがらの一つである。一学問としての経済学は、「景気循環」をごく普通の専攻分野として承認しているのである。

短期の循環は、通常、市場における需要-供給のベクトルを調整する基本的なメカニズムとして理解されている。すなわち原理的には不可避であるが、運動が描いていく弧によって潜在的にはコントロールできる様な、一種の振子効果として理解されているのである。

コンドラチェフの循環として一般に知られている長期の循環について、論争が盛んに行われてきた。この長期の循環は、まず、N・D・コンドラチェフによって一九二〇年代に定式化され[22]、そして一九三

○年代には学問的に広汎に受け入れられるに至ったが[23]、その後、一九六〇年代後半までは殆ど議論されることはなかった[24]。一九六〇年代後半に再び注目されるに至ったのは、当時の中核諸国の経済的な諸困難（国際収支の不均衡、通貨協議、エネルギー「危機」、スタグフレーション、そして失業の急激な増大）によって、四、五〇年の長さの循環にたいする関心が再び呼び起こされたからである[25]。しかし、循環のリアリティーそのものや循環運動を引き起こす原動力に関しては、今なお論争がおこなわれている。

コンドラチェフが、本質上の一九世紀（第一次世界大戦に至るまで）を計測することによって、循環を定式化しつつあったと同じ頃に、ヨーロッパの物価史家たちは、中世前期 High Middle Ages から一八世紀の終わりまでのヨーロッパの様々な地域における価格変動についての（またいくらかは実質賃金についても）データを集めつつあった[26]。一九三〇年代には、データは十分に収集されてはいなかったのだが、長期循環の特質そのものに関する多数の研究が行われていた[27]。

物価史家たちの研究とは幾分別個に、フランソワ・シミアンは（世界の）経済活動のA局面とB局面の概念を理論的に定式化しつつあった[28]。コンドラチェフの循環の上昇と下降をA局面とB局面として描き出すことは、容易なことであった。（エルネスト・ラブルースによって「間-循環《インターサイクル》」として焼き直されたように、より短い局面について同じことをすることも可能であった[29]。シミアンの理論と物価史家たちの実証的な研究とを系統だてて結びつけたのは、ラブルースであった。）だがより困難な問題は、「長い」一六世紀における「価格革命」というなじみ深いイメージと一七世紀の景気後退もしくは「不況」によって示されるような、一五〇〇年から三〇〇〇年というより長期《ロングターム》の循環が存在したかどうかということにあったのである[30]。

われわれは、この長期の循環の概念――ここでは、少なくともコンドラチェフの循環の長さを想定している。かれの循環はさらに長いA・B局面に含まれよう――を取り上げ、それらが歴史的な現実を記述しているだけではなく、また世界経済の運動についての基本的なパラメーターをも構成していることを論ずるつもりである。世界経済の構造の内部に生じる地域の配置の変動を説明するだけではなく、社会経済全体の長期的トレンドを形作る基本的な原動力をも提供しているのが、これらの循環的運動なのである。

4　基本的な方向――長期的トレンド

ここで、われわれがその見取り図を描こうとしているパースペクティブは、社会的行為のシステムに関するものである。このシステムは、拡張していく地政学的な境界の内部に空間的「世界」を形成していくという点において包括的で単一のシステムである。だが同時にこのシステムは、共時化の深化、時間系列に沿った成長、そして循環的に調整された拡張と収縮のリズム、これらの過程にわたって時間的「世界」を形成するのであって、それは時間という点においても包括的で単一のシステムなのである。

これは理解するのに容易な概念ではない。多くの者は、「時間」をわれわれが叙述し考察しているシステムの全体を構成する不可欠の次元とは考えないで、そのようなシステムからは別個に与えられた基準次元 ordering dimension と考えている。そしてこれにしたがって、当のシステムについて観察を行うのである。しかし近代世界システムは、「スタート」し、コースを走っている間「タイムを測定される」

レーシング・カーに類似したものと考えることはできない。近代世界システムは時間の経過にまたがって over というよりも、時間を通じて through 作用するのだとわれわれは考えている。トレンドと循環、という形態での時間は、システムとしての時間から成るのであって、時間特性の変動に整合しているだけではないのである。それは一つの歴史ないしは一連の歴史を「もつ」というよりも、それらを構成しているのである。

しかしながら、われわれはシステムを構成している時間的な運動を描き辿るためには、当然のことながら時間基準 time-ordering の観念（年、一〇年、世紀等々）を使わなくてはならないであろう。たとえわれわれが代わりのフレームで研究するとしても、新たなこのフレームの意味するところを伝えるためには、習慣となっている時間尺度を使わなくてはならない。しかし、ここではそのようなことをしようというわけではないのだから、起こりうべき困難は存在しない。われわれの意味するものは、（レーシング・カーのように）世界システムは最初に存在しそれから動き発展するというのではなくて、その発展が存在そのものであるようなものなのである。それは「成長」の中で「停滞」するのであって、停滞しそれから成長するというのではないのである（もっともわれわれは、気づかずにこのように述べてしまうことが時にはあるのかもしれないのだが）。

要するに、開発主義者の語る「発展」とは、全体としての資本主義世界経済の本質を規定するものとして解した場合にのみ、意味をもつにすぎないのである。資本主義世界経済はどのような国家構造でももつことはないような一つの「自然史」をもっている。それは、特定の歴史的状況のもとで存在するに至ったものであり[31]、特定の長期的トレンドを表現するものである。しかし、それはほぼ確実にいずれ終焉する時が来る。もっとも、この世界システムの自然史における歴史的な「両端」、すなわち世界システムの開始点もしくは終了点におけるどちらの移行についてもわれわれは直接の関心をもってはいない。むしろわれわれは、世界システムの「発展」と言われる、構造的に決定されたトレンドを描き出すことに関心をもつのである(このトレンドは世界システムの連続した近似的なパターンや、その循環的リズムとは明確に区別されている)。これについては、一般に認められている少なくとも三つの長期的トレンドが存在している。

拡張

この概念は、資本主義世界経済の歴史的な発展の中心を成すものであり、きわめて初期の頃から当の研究者たちによって注意深く着目されてきた唯一のものと言えるであろう。新たな領地への中世後期の「拡張」(ドイツ人による東ヨーロッパの植民にせよ、キリスト教徒によるスペインの「征服」にせよ)は、近代世界システムの最初期における「探検」と「海をこえた」拡張にまもなく結びつけられた。

もちろん、「拡張」はすでによく知られた社会的な概念であった。というのは、支配権の及ぶ境界を世界帝国が永きにわたって拡張してきたということは、われわれにはなじみ深い事柄であるからだ。しかし資本主義的な拡張の特異性は、「外部のアリーナ」との遠隔地交易という現象――これは、歴史を通じて「地方的」なものよりも交換の主要な形態であったのだが――にあるのではない。その特異性はつぎの点にある。すなわち、世界帝国は「周縁の地域」を、貢納の徴収によって中心に結びつけるか、あるいはそうでない場合には、自らが「宗主権」を持っていたそれらの地域の生産システムを相対的に手をつけないでそのままにしておいた。それに対し、資本主義世界経済は「周縁」を分業に組み込むことによって経済的に「周辺化」した、という点である。

資本主義世界経済の起源は、ヨーロッパ(それは最初から南北アメリカの諸地域を含んでいた)にあった。世界経済は、二〇世紀の初めに現在の限界に到達するまで、間隔をおいてではあるが系統だったリズムで周縁の新しい地域を包摂し、地理的に拡張してきた。そして世界経済は地球をおおったのである。この過程は多様な仕方でつづいてきたのだが、こうした外部への拡張の主要な「時期」(一四五〇—一五二〇年、一六二〇—一六六〇年、一七五〇—一八一五年、一八八〇—一九〇〇年)というべきものが明らかに存在している。拡張は、すでに述べた国家システムの過程と、明瞭にリンクされているのである。

もっとも、世界経済の外的境界の内側に存在している地域のすべてが、必ずしも最初から社会経済に必然的に組み込まれていたというわけではなかった。この点については、農業史に関する文献は、時間の経過に従った「内的」な拡張という明瞭なパターンをつぎのように明らかにしている。境界の内部には、「自給自足の砦」subsistence redoubts が存在している。この内部の砦にあたる地域は周縁地域と較べ、法的に異なった規定をもち、政治的に異なった前提をもっている。しかしこれら二つの地域の包摂は、明らかにひとつの過程として、本質的に同じ経済的現象を構成している。そして現在のところ、「外的」な拡張は明らかにその限界に到達したのだが、「内的」な拡張はまだ幾分かの余地をもつものと言えよう。

商品化 commodification

土地、労働、自然的資源が、柔軟性を欠いた社会的慣習によって利用され分配されるというあり方から、「市場」での「購買」に利用できるような商品へ転換したということは、社会科学の文献では、実際のところ、資本主義を定義する際の特質として看做されてきた。それは、ラディカルな視点からにせよ（マルクスは「商品のフェティシズム」と呼ぶ）、保守的な視点からにせよ（カーライルは「現金の絆」と呼ぶ）、社会の批評家たちによる呪いの的であった。

「商品化」された二つの主要な現象は、もちろん、土地と労働であった。土地と労働といういわゆる「生産要素」を集め、そして生産物を分配するために、供給と需要をバランスさせる価格メカニズムが、他の社会的な制度に次第にとって代わっていった。古典派経済学の体系上の大部分の中心的な問題は、この事実もしくはこの過程にあった。世界経済の絶えざる「発展」の過程は、土地や労働だけではなく他の多くのものが商品化に服したことをさらに示している。地下資源はもちろんのこと、危険、時間、自然の美というような実体性に欠ける現象についてもあてはまるのである。心理学、文化科学、宇宙論においては、このような過程の帰結は、「疎外」という言葉で論じられ、そして多くの文献の考察主題となっている。

さらに、物質的な過程という観点から見ると、土地の「商品化」と労働者の「プロレタリア化」という二つの基本的な過程が存在していた。世界システムのパースペクティブは、世界的規模での転換の過程が、資本主義の本質と看做されるべきものだということを主張する一方で、ここでもわれわれにはすでになじみ深い考え方に訴える。すなわち、譲渡しうる土地とか賃金労働者が資本主義世界経済を規定しているわけではなく、より多くの土地を譲渡しより多くの労働者をプロレタリア化するような構造的圧力がそれを規定している、という考え方である。このことは必然的につぎのことを意味する。歴史上、資本主義世界経済が存在するあらゆる時点では、自由土地保有の形態とそうでない形態との、あるいは「自由」な直接生産者と「強制された」(もしくは非「自由の」)直接生産者との結合がシステムの機能の中心をなすものであったということである。

商品化は、ちょうど漸近線に向かって動いて行くように、システムを機能させる諸関係を次第に掘り崩していく過程であるということが注意されねばならない。もっともこのことは、われわれが資本主義世界経済を自然史をもつものと看做す場合には、当然予想されるべき事柄であろう。

機械化

近代世界についての記述として最もなじみのある二つの非政治的な「革命」は、「産業革命」と「科学-技術革命」である。一九世紀にアーノルド・トインビーが「産業革命」の用語を作り出したとき、かれは暗黙のうちにつぎのことを論じていた。フランス革命のような政治的な現象よりも重要で基本的なものが存在すること、そしてそれは実際のところ、固定資本が大きな割合を占める加工工業の成長なのだということである。このことは、一定の「インプット」がなされればアウトプットは増大するという、人間エネルギーの基本的な拡張として理解された。また「科学-技術革命」は、「産業革命」のもつ人間的な可能性を説明するための手だてとして論じられた。

われわれもまた産業革命の基本的概念を受け入れるのであるが、その「国民的な」視点や、工業活動対非工業活動（もしくは農業）という二分法的イメージから、この基本的概念を切り離したいと思う。むしろわれわれは、あらゆる生産過程の機械化（農業の機械化を含む）の世界的規模での連続体が存在していることを示唆しておきたい。一八世紀後期のいわゆる「産業革命」の時期に、重大な技術的・社会的な断絶が存在したという見解に対し疑問が呈せられていることは、少なくとも周知のところであろう。近年、「初期」産業革命について論じたおびただしい数の著書が刊行されているが、[32] われわれは「後期」産業革命についても論じるつもりである。おそらくその全過程は、資本主義世界経済の歴史全体を通じて、一様な増進の過程であろう。

決定的問題は二つある。（1）可変資本に対する固定資本の比率の増大が、資本／労働関係に与える影響。（2）生産過程の継続的な機械化が、「中核」タイプの生産活動における不断の再編にリンクする仕方、および、中核、半周辺、周辺圏の絶えざる再配置にリンクする仕方。

三　一つのシステムとしての近代世界システムについての仮説

世界システム研究の一般的パラダイムは、近年、少なくとも予備的な形では練り上げられ、主要な概念装置のいくつかについての展開が試みられてきた。そしてこのパラダイムは、すでに解釈上のシェーマとして、具体的な歴史の事例に適用されている。このパラダイムに基づいた研究をさらに押し進めるために今必要とされていることは、一つのシステムとしての近代世界システムの作用についての一連の研究仮説を明確にすることであり、そして経験的なデータに照らし合わせて、これらの仮説の正しさを検証することである。

後者の課題はみかけほど明瞭ではない。なぜなら、どのような場合にも十分に適切なデータベースが存在するということは、確かではないからである。それは、大部分のデータが、国家を論理的実体として想定する国家機関や研究者によって史実の中から集められてきたことによる。かれらは、「地域的」発見を、この論理的実体としての国家にあてはめてデータを作るのである。それゆえにわれわれが考察したいと思う現象の多くに関わるデータを現存しているデータ集積の中から引き出すことはできない。したがって、われわれの仮説の多くについて適切な測定手段を考案し、それに関連したデータベースを作らねばならない。

この研究プログラムの目的はつぎの点にある。すなわち世界システム論のパラダイムをとりあげ、それを資本主義世界経済の歴史的過程――つまり時間の経過にしたがった大規模な連続性と転換――を予測するという明確な一連の仮説へと変えること、ならびにわれわれによって立案されねばならない測定方法によって、そしてわれわれの手で収集し作られねばならないデータの使用によって、これらの仮説を検証することである。

資本主義世界経済についての世界システム論のパースペクティブに依拠しながら、システムの三つの連続したアンチノミーによって、われわれの仮説を構成しよう。

（a）経済／政治。経済は本来、「世界」構造として現存している。しかし政治的活動は、おもに経済の境界よりも狭い国家構造の内部で、そしてこの国家構造をとおして行われる。（b）供給／需要。世界的供給は本来、市場志向型の「個別的」な生産的意思決定の関数である。そして世界的需要は本来、「社会的に」決定された所得分配の関数である。（c）資本／労働。資本は、労働によって生産された剰余を領有することによって蓄積される。しかし、資本がより多く蓄積されるほど、生産における労働の役割は小さくなる。

1　経済／政治

資本主義世界経済という構造（複数の国家からなる単一の経済）のゆえに、一組ではなく、二組の対抗する関係が存在する。すなわち、（1）経済的周辺地域と関係をもつ経済的中核地域、（2）被支配国家と関係をもつ支配国家、である。これら二つの下位アンチノミーは相互に関係しあいまた相関しあう傾向にあるが、同一なものではない。これら各々の下位アンチノミーを連続して分析するのが適切であろう。もちろんこうした分析方法は目新しいことではない。しかし伝統的には、二つの下位アンチノミーはそれぞれ別個の専門家、すなわち国際貿易に関心をもつ経済学者と国際関係に関心をもつ政治学者（あるいは外交史に関心をもつ歴史家）の領域と考えられてきたのである。われわれはこれら二つの下位アンチノミーの密接な理論的リンク（プラグマティックなリンクだけでなく）を強調するであろう。

世界システム内の分業においては、それを構成している様々な地理的な領域が、特定の生産部門に特化されている。それらの特化した生産部門の性質は、時間の経過につれて変化するが、これらの生産部門が、同様の経済的な報酬を受けるわけではないということは、常に変わらない。世界経済における分業の相互補完性は、不平等を伴いながら進展するのである。それゆえに世界システムは、生産諸部門の配置にしたがって差異化されていく一つの実体と看做されよう。そしてこの生産諸部門の配置を、限定つきのアナロジーによってではあるが、「階層化」stratificationのシステムとして考えることができるであろう。

生産の特化の性質は、歴史的な時間の経過にしたがって変化してきた。しかしながら、どのような生産物の場合でも、中核地域の労働活動（もともと、実質的にすべてが加工工業である）は周辺地域のそれ（もともと、その大部分は農業や鉱業からなるのだが）に対して対照的な性質を帯びるのであって、周辺地域と比べて比較的高度な機械化、高利潤、高賃金、高技術の労働活動に常に特化してきた。そして半周辺地域は、これら二つの異なった特化の傾向をともに帯びるような形で外国と貿易を行うことによって、中核の活動と周辺の活動との混合を呈してきたのである。

（1）中核-周辺関係の分析におけるわれわれの基礎的な想定は、国際貿易という概念は基本的に誤っているということである。われわれは、そうした想定にかえて、純粋に「地方的」市場（ゆっくりした輸送によって最大限一日かかる程度の範囲）と、すべての広域的市場——取引が政治上の国境を越えるか越えないかは、ここでは問わない——とを区別することから、出発する。これらすべての「広域」取引は、「世界」市場といわれうるものの一部であり、またそれによって規定されたものであることを論じなくてはならないであろう。

もちろん従来の文献も、地方的市場と広域的市場との区別を認めている。しかし大部分の論者たちは、

「広域的」市場を、少なくとも一方における国民市場と他方における国際市場とに区分する。（ある論者は「地域的」市場を加えるかもしれない。「地域」は大国家の場合には国家よりも小さなこともあるし、またある場合には、「地域」はいくつかの国家を含むということもある。）分析のあるレベルにおいては、明らかにこれは意味ある分類法であろう。われわれの拒否するのは、まず国民市場があり、その後それが国際市場に組み込まれることによって外国貿易に拡張していくという、連続性を意味した発展なのである。

このような把握に代えて、われわれは根本的に異なった前提から出発する。適当なきまった用語がないから、「商品連鎖」commodity chains とよぶもので考察しよう。この連鎖で意味しているのはつぎのようなものである。一つの最終消費品目を取り上げ、この消費品目に要する一連のインプット――先行する諸加工作業、原材料、輸送メカニズム、素材加工過程への労働のインプット、労働者への食糧のインプット――を辿ってみることができよう。われわれはこのリンクした一連の過程を商品の連鎖とよぶ。最終消費品目がたとえば衣料であるとすれば、連鎖は、布、糸、等々の製造、綿花の栽培、そしてこれらの生産活動に含まれた労働力の再生産を含むことになる。

われわれは様々にこれらの連鎖を数えることができるであろう。おそらく、各々の最終消費品目を一つの単位として数えることによって、連鎖の数を測定できよう。その物的総量を測定することもできるし、そして（価値の様々な計算方法の中の一つを使って）価値の総額を測定することもできるであろう。われわれは、それらによって世界経済の作用のウェイトを「評価」することもできるであろうし、また様々な測定を組み合わせることもできるであろう。技術的であるというよりも、理論的なものであるこの測定の問題は、さしあたっては、措いておくことにする。

われわれは、資本主義世界経済の歴史を通じて、このような商品連鎖が存在してきたことに着目する。「従来行われてきた」想定は、商品連鎖はまず国家の境界の内部で発展し、その後国境地域を越えはじめたというものであって、ある者は、これを線形的トレンド——いわゆる資本の漸進的な「国際化」——として理解している。われわれの基本的テーゼはこのような理解とは反対のものである。商品連鎖をどのように測定するにしても、つぎのことを指摘できるであろう。

（1a）国境の内部にあるのと同じ数の（これより多いということはないとしても）商品連鎖が国境を越え出ていく。

（1b）おそらくこの点に関しては、一五〇〇年と一九七五年の間にはどのような重要な相違も存在してはいない（すなわち、初めから高度に「国際化」されていたのだから、「国際化」への線形的なトレンドといったものは存在しないのである）。

（1c）特定の時と所については（1a）の例外が存在する（すなわち、国境の内部への商品連鎖の相対的な集中の存在、あるいは「重商主義の撤退」である）、しかし、そうした例外は、

（1c1）一時的なものであって、世界経済の全地域を斉一的に説明するものではなく、

（1c2）国家の個別的な多様性（「弱い中核」国家あるいは「半周辺」国家）に関連したものであり、

（1c3）そして循環パターンの特定のモメント（政治的「ヘゲモニー」の不在と経済的「収縮」の存在とを結び付けるモメント）にも関連しているのである。

（2）国家はしばしばその国境の内部に、一種類以上の経済圏を含んでいる。しかし、国家の政治的構

造は支配的な経済圏の要求によって決定される傾向にあるという意味で、国家を、主に、中核、半周辺、周辺として特色づけることが可能であろう。（この点で周辺国家は、中核国家よりもより経済的に同質的な傾向にあることが、注意されるべきである。）

所与の国家の内部における支配的な経済活動の性質は、時間にしたがって変化する。それは、時には国境線の内側での変化のためであり、また一層頻繁には、世界経済の循環パターンの特定の転換点で生ずる意図された国家活動（および国家を基礎とする私的活動）によるのである。このような点から類推すれば、国家は上方にも下方にも「可動性」をもつと言えよう。上方への可動性はしばしば「発展」と呼ばれるが、世界システム論のパースペクティブでは、「発展」の用語は全体としてのシステムにあてはまるのであって、特定の諸国家にあてはまるわけではない。したがって中心をなす問題の一つは、世界システムの全体的な発展（それは、生産設備や生産物の数量もしくはその価値の算定、そして機械化の程度などによって測られる)は、システムの様々な経済的「諸層」strata とそれらの相対的な「豊かさ」との間のバランスに実際上どのように関係していたのか、ということなのである。

（２ａ）国家もしくは「地域」を、中核、半周辺、あるいは周辺として分類し、時間の経過にしたがってそれらの配置状況を測定するならば——測定される量がどんなものであっても——、各々の層の相互関係上の重要性は、多かれ少なかれ、資本主義世界経済の歴史を通じて（一五〇〇年から一九七五年まで）不変のままであったと言えよう。なぜなら、全体としてのシステムが、中核、半周辺、周辺の活動を結びつけていく圧力を作り出しているからである。

国家機構は、世界市場メカニズムの自然な流れへの「介入」によって——独占の創出とその解体、不経済な生産活動の買収や売り渡し、生産物の破壊と保護というように――、経済活動の配置に影響を与える。したがって国家機構の強度（それは国内の抵抗や外との対立に打ち勝てる政策能力を意味しているのだが）は、世界経済の作用が循環的に変化していく過程の中の可変的な鍵なのだということになる。（国家機構の強度は、指導者の権力の恣意性、あるいは、官僚制の広がりといったことを意味しているのではなく、どのように達成されるのであれ、政策決定の有効性を意味している。）

（2b）国家機構の強度は、国家の「中核性」の程度に多かれ少なかれ直接に対応して、ともに変化していく。

資本主義世界経済の「拡張」のゆえに、新しい国家や地域がそこへ最初に組み込まれる時、これらの領域は通常、周辺の役割（あるいは、唯一の例外としてはせいぜい半周辺の役割）を果たす。経済的には、この過程は「周辺化」とよばれている。ここから、下位命題としてつぎのものが導き出されよう。

（2b1）新たな領域――それまでにすでに政治的統一体をなしていた諸領域なのだが――を、「国家」もしくは「植民地」として世界経済へ組み込むことは、通常それらの領域の政治的機構の弱体化をもたらす。

また世界システムの中心の内部にはいくつかのバリエーションが観察されるのであるが、そこには二つの不可欠のパターンが存在している。ひとつは、あらゆる主要な経済セクター（生産、商業、財政）の作用という点において、中心にある一国家は他の中核国家に対して支配的な関係にあるというパターンであり、もうひとつは、どの中核国家も明らかに支配的ではありえないというパターンである。われわれは第一のものをヘゲモニーとよび、第二のものを対抗とよぶ。生産分野における覇権はつぎのことを意味している。ある時期における最も「進んだ」工業生産は、当の覇権国家に優位に位置付けられており、そしてこの国は、周辺や半周辺に対してと同様に、他の中核国家へその生産物を競争を通じて輸出できるということである。商業上の覇権はつぎのことを意味している。覇権国家の対外貿易と運輸業の評価額が、他の中核国家のそれに比べて最も高く、その業務は他の中核国家によって利用されるということである。そして金融上の覇権はつぎのことを意味している。蓄積され、貸付けられ、あるいは輸出される覇権国家の資本価値は他の中核国家と比較して最も高く、また他の中核国家のための銀行の機能をも果たしているということである。

経済上の相対的な能力は一時的な優位にすぎないのだから、他の中核国家は絶えずこのヘゲモニー国家と「引っ張り合い」をし、それを凌いでいくことになる。ヘゲモニーのこうした危うさには二つの主な理由がある。第一の理由は、他の中核国家やそして半周辺国家さえもが、最も新しい機械を利用できるという「後発者」の利益を享受することによって、ヘゲモニーを握っている国家と同じくらい効率的に（少なくともいくつかのセクターにおいては）生産が可能となるように生産装置を改良したり、多角的に用いたりすることによる。第二の理由は、ヘゲモニー権力そのもののパフォーマンスが低下することによる。ヘゲモニー国家における生産コストは、労働力の賃金需要の影響を格別に受けやすい。というのは、労働力は時間の経過にしたがって労働組合に組織され、そして労働力に対する需要は、「産業平和」labour peace の利益によって満たされる傾向にあるからである。その結果、産業平和はヘゲモニーの利益を掘り崩していく上で決定的なものとなる。

以上のようなヘゲモニーの時期は歴史的には稀なのであって、つぎの三つの例だけを明確に示すことができよう。一六二五年—一六五〇／七二年のオランダ北部七州、一八一五年—一八五〇／七三年の大英帝国、一九四五年—一九六七年（?・）のアメリカ合衆国。しかし国家権力のこのような集中は、資本主義世界経済の作用においてはきわめて例外的であるので、われわれは、重要な経済的・政治的な変動が、これらの時期に関連して生じているのかどうかを考察しなくてはならないであろう。

　ヘゲモニーの時期が歴史的になぜ稀であるのかを説明するためには、まず中核権力におけるヘゲモニーの出現を説明しなくてはならない。ヘゲモニーの起源の決定的な要素は、先行の主要な生産諸国の衰退期に続いて、世界市場において農業-工業生産の競争が行われ、そこでの有利な地歩を獲得することにあるように思われる。

（2c）つぎのように、提起できよう。生産の優位性は、タイムラグを伴って商業の優位性を条件づけている。そして商業の優位性はこんどは同じくタイムラグを伴って、金融の優位性を条件づける。だから、優位性の喪失は、生産・商業・金融という諸セクターにおけるひとつながりの連続性として生じるのであって、各セクター間において優位とその喪失とが重なり合う時期は必然的に短いということである。

　ここから明らかに想起される問題は、このパターンにおいてどこに軍事的な優位性が生じるのかということである。そこでつぎのような下位命題を提起することができるであろう。

（2c1）軍事的な優位性は、商業の優位性とおそらく同時に生じる。したがってそれは生産の優位性よりも遅いが、金融の優位性よりは早く生じるのであって、ヘゲモニーを「封じ込める」ために使われるのである。

ヘゲモニーは市場のあらゆる側面における優越性を含むものであるのだから、ヘゲモニー権力の国家機構における主要な機能は、（人為的な）「非-市場」の優位を創出することではなく、市場メカニズムを作動させておくことである。すなわち、

（2d）国内においてヘゲモニー権力は、政治面では競争的自由主義を、文化面では勝利主義を実践し、経済面では貿易の自由を（多分、実践するというよりも）提唱するであろう。そして国外のあらゆるところで、ヘゲモニー権力は、世界市場の流れの妨害物を除去するために、その力を（必要とあれば軍事力をも）行使するのである。

他の中核諸国（そして半周辺諸国）がヘゲモニー権力に対してなしうる主な妨害は、周辺圏に対するかれらの政治的支配によってなされるのだから、つぎのような下位命題が導かれよう。

（2d1）ヘゲモニー権力は、それの確立に向かっている時には、周辺地域の「脱植民地化」を支持する。ヘゲモニー権力が実際に権力をにぎっている時には、それは「非公式の帝国」を実践する。そして、ヘゲモニーの喪失は、新たな植民地化の波を生み出す傾向にある。

ここで、ヘゲモニー権力から、他の中核権力と半周辺権力とに視点を転じるならば、これらの権力は、可能なところではヘゲモニー権力の優位性を制限しようと、絶えず関心を払うであろう。生産部門の再配置を早急に行うことになる世界経済の収縮という状況においては、かれらはこのことに特に強い関心を払うであろう。したがって、

（2e）ヘゲモニー権力の衰退期の初めにはいつでも、特にそれが世界経済の下降点と組み合わさった場合には、相対的に強い諸国家は、重商主義の障壁を（可能なら「帝国圏」を）自国のまわりに張りめ

ぐらそうとするであろう。
逆に、つぎのような下位命題が導き出される。
（2e1）ヘゲモニー権力が支配している時期には、植民地の権力が経済的に弱ければ弱いほど、相対的に強い諸国家は植民地の独立によって多くの損害を受けねばならず、またそれだけに植民地をできるだけつなぎとめようとする。そして、
（2e2）周辺地域の政治的統一体は、経済的に強ければ強いほど、「脱植民地化」をより速やかに達成することができるであろう。
これらの傾向を組み合わせることによって、われわれは世界貿易の交替パターンを描くことができるであろう。
（2f1）ヘゲモニーの成立している状況においては、関税障壁の最も高いときの競争期よりも、中核諸国間では多くの交易がなされるのではあるが、この期においてさえ貿易は完全に「自由」というわけではない。むしろ、それぞれの中核国家が「中核」の製品の生産者としての自からの地位を守るために、そのような製品の生産において中核諸国間に分業が生じてくる。（具体的な協定によって、各々の中核国家は輸出するのと同じ量の中核タイプの財だけを輸入するようになるであろう。）不況期には、中核国家の各々が「中核」タイプの生産を多様化し、そのことによってこの合意は消滅する傾向にある。こうして、中核国家間の交易は減少していく。
（2f2）世界経済の停滞期には、半周辺諸国による中核諸国からの工業生産物の輸入は、減少していくであろう。そして工業生産力の向上が、国内において奨励されるであろう。逆のことが世界経済の拡

張期にあてはまる。

（2f3）ヘゲモニーの成立している時期には、周辺地域全体は、他の中核諸国からヘゲモニーを持つ中核国家へと交易の相手を変える傾向にあるであろう。ヘゲモニー権力が後退し、中核諸国間において競争が行われる時期に至れば、周辺の個々の国家は、今度は特定の勢力圏や「関税圏」に包摂されることになるであろう。

2　供給／需要

現在の資本主義世界経済の中に、循環的リズムと長期的トレンドが存在するとするならば、観察されるべき中心的な問題は、これら二組の「運動」が相互に関係しリンクし反作用しあう仕方であろう。

循環的リズムという一組の運動は、それ自身反復的な交代パターンをもった、継続的「システム」を意味している。長期的トレンドというもう一組の運動は、生成しその後一定のコースを進み、最後には消滅していくシステムを意味している。それゆえにこの長期的トレンドという運動は、構造を変形させるトレンドをもつわけである。（因に、社会現象とかその過程は循環的リズムないしは長期的トレンドという言葉で適切に表現されるのかという点に関して、社会科学の内部に対立した見解があり、熱心な論争が行われてきた。）

反復する循環的リズムと構造を変形する長期的トレンドが存在するならば、両者の間のリンクの様式そのものは、反復と変化の間の緊張を表現することになるであろう。したがって、つぎのように言えよう。

(1)資本主義世界経済が進行するにつれて、構造的な変化の過程は、次第に明確になっていく循環的リズムのパターンとますます結びつけられ、それに歩調を合わせることになる。

このことは、殊につぎの点を意味するであろう。

(1a)どのような循環パターンが観察されようとも、振幅時間の長さ(二つの局面の合計)は、時間の経過につれて短くなっていく(このことは、一九世紀のコンドラチェフ波が、本質的にこれより長いタイムスパンをもつそれ以前のA・B局面からなる波の、新たな変形であることを意味している)。

市場メカニズムは、社会的変化と技術的進歩の結果、早晩次第に整合化されていく。このような判明なる意味において、資本主義世界経済は時間の経過にしたがって、ますます「統合され」ていくのである。その結果、

(1b)循環のリズムのタイミングは、世界経済の中核、半周辺、周辺の各地域間における同時性をますます示すようになる。

しかし、循環的リズムが基本的に拡張と収縮のリズムであり、長期的トレンドは本質的に線形であるとするならば、それらの相反した運動は特有の様式で結びつくに違いない。だから、「収縮」期として規定された時期においてさえ、線形のトレンドは曲線上を上昇していくであろう。そのゆえに、

(1c)構造的過程の総合指数のグラフ(操作上どのように定義されようと)は階段状のパターンを示すはずである。(このグラフにおいて「B」局面は、循環的な収縮と長期的な上昇トレンドとが結びつけられることによって、水平的なベクトルとして表わされるはずである。)

長期的なトレンドによって引き起こされる構造的な変化は、循環的リズムに反作用してそれらの形態

を変化させると予想されうるから、下位命題はつぎのようになるであろう。

（1c1）近代世界システムの歴史においては、「B」局面に「停滞」している世界経済の個々の様相は、様々であるだろう（これらの様相は、特定の技術変化やそれによって引き起こされる生産規模の変化の中に示される）。

世界経済の成長率の循環的な変動は、経済的な生産と消費に連動した供給／需要のメカニズムが周期的に中断されるという事実によって、説明することができるであろう。本来、資本蓄積における「恐慌」の原因は、究極的には生産と消費の間の不一致にある。経済成長を仮定した場合には、成長を支える資本財の世界的な生産（すなわち、固定資本の改善と投資の継続的な更新）は、賃金財／消費財の世界的な生産よりも大きな比率で増大する。そして、この賃金財／消費財の生産は、世界的な需要を超えて増大していく。ところで生産は、利潤の最大化／最適化（それらはさらなる拡張のための装置であるのだが）を目的として、個別的に競争する生産単位によって行われ、他方市場需要は、本質的に社会的／政治的に決定されるような、所得分配の関数である。（たとえば、実質賃金は一般に長期にわたって相対的に安定しており、それ自身は資本蓄積における利潤成長の関数なのである。）

（2）したがって、資本財の世界規模での生産は、通常、消費財産業による世界的な需要を規則的に追いこすことになる。すなわち消費財の需要は、世界規模での賃金稼得層の消費能力によって究極的に限定されているのだから、生産的企業の設備余力が生じるにつれて、「不十分な」市場需要によって「過剰生産」がもたらされることになるのである。この「過剰生産」は、経済における「恐慌」と収縮へと至る。

（2a）拡張期は、通常、一次産品についての世界的な換金作物生産 cash-crop production の拡張をもってはじまり、そしてそれがたえず加工業の様々な水準に影響をあたえていくことにより、全世界の生産水準の純増をもたらす。そしてまたこの拡張期間は、世界の労働力のさらなるプロレタリア化を通じて、世界的な有効需要の再配置をもたらすのである。

全世界の生産の純増は、換金作物生産へのより一層の投資を必要とし、世界の労働力のより一層のプロレタリア化は、人口のさらなる集中をもたらす。したがって、つぎのような下位命題が導き出される。

（2a1）拡張期間は、周辺地域からの労働力の流入の水準を上昇させる一方で、中核地域からの投資フローの流出の水準を上昇させる。

しかし、循環的リズムと長期的トレンドとは連続して結びついているがゆえに、全般的拡張期から全般的停滞期への純然たる突発的な移動は存在しない。需要危機の最初の徴候は、好況な状態にある地域や領域にのみ生じる。そして、生産者たちは個別に生産を増大させたり生産コストの減少努力によって、そうした需要危機に対応する。したがって、

（2b）「拡張」期と「停滞」期の間には、資本の蓄積率の増大の特定パターンを伴う相当期間にわたる「過渡期」が規則的に存在する。世界資本の蓄積率の増大が、世界的に需要が後退していくコンテキストの中で生じるならば、下位命題はつぎのようになろう。

（2b1）過渡期は、おもに周辺地域における土地と労働のエコロジー的な疲弊現象をひきおこす（それは、資本の蓄積率の増大という「過渡的な」パターンが崩壊する原因である。）

さらに、

（2b2）過渡期には、とくに周辺地域において、かなりきびしい階級的なコンフリクトや抑圧が見られる。

世界経済の下降もしくは収縮の期間は、拡張局面の反面というわけではない。というのは、長期的《セキュラー》トレンドは、循環的リズムに反した運動をとるという事実（それは、世界経済の発展についての階段状のパターンを生み出すことになる）があるからである。長期循環《ロング・サイクル》の下降期は、歴史上の様々な時期により高い世界経済の発展水準から生じるのである。それゆえに、

（2c1）上昇局面からの転換期ならびに収縮局面には、周辺地域と労働力のある部分が、「疲弊する」が、このようなことはすべての周辺地域の土地と労働力について生じるわけではない。（たとえば、世界的な景気の後退によって交易の流れが中断する場合には、中核諸権力は、閉鎖的な「重商主義」的なネットワークの中における「新たな」周辺地域に対して直接的な支配を確立し、このことによって供給を確保しようとするのである。）

（2c2）収縮の期間は、周辺地域から中核地域および半周辺地域へ特定の生産活動が移動するという事実によって、特色づけられるであろう。（たとえば、気候上の理由で周辺地域に限定されないような農業活動は、収縮期には中核地域へ「戻る」ことになる。そして中核地域は、一時的ではあるが概して自給を行うことになる。それは、「旧来の」周辺地域を犠牲にすることによる、中核地域における利潤水準や雇用水準の維持と看做される過程である。）

（2c3）収縮の期間は、中核地域から半周辺地域への——通常は周辺地域ではなく——実質雇用の移動によって特色づけられるであろう。（この現象の一例は、交易の流れの中断に対応して、地域の産業

を活発にするために関税を設ける半周辺地域の吸収力によって示される。）

要約するならば、以上の例のすべてが示しているのはつぎの点である。長期的トレンドと循環的運動は、実際のところ世界経済の長い期間にわたる作用過程の表現であるということ、すなわち、資本形成が進展し世界経済の地理的境界が時間の経過にしたがい着実に拡張していくことの表現なのである。

3 資本／労働

（1）われわれは以前に、可能性の連続体 continuum of possibilities を使用することによって、労働者がいかにして生涯の全所得を稼ぐのかという観点からかれらの世帯を分類した。それにしたがえば、つぎの三つの主たる種類が存在すると思われる。

第一に、地理的にはシステム内部に位置づけられているにもかかわらず、経済的にはシステムの発展に対してまったく外部にあるような世帯が存在する。それらの世帯の生計品は（質素なものにせよ贅沢なものにせよ）、資本主義世界経済の分業に関係することのない生産から得られるのである。第二に、全生活をつうじて、生計品もしくは生計費が、世界経済の内部の生産から与えられるような世帯が存在する。かれらが生きるために消費する生産物は、労働のみかえりとしての現物支給、国家機関からの食料支給、あるいは労働のみかえりとして受け取る貨幣（賃金）による「市場で」の商品の購入からなっている。それらによって、世界経済の内部での生産は、物質的な必需品を供給し、週ごとに、あるいは年ごとに、また世代にわたって労働階級として世帯を「再生産する」のである。第三に、かれらの生活のための所得の一部を、「雇主」もしくは市場の購買者から、そして他の一部をかれら自身あるいは他者（たとえば自分の親族の者）による直接の生産から、受け取るような世帯が存在する。その結果、再生産の全コストは、「雇主」によっては負担されない。よい例は移民労働者であろう。ここで鍵となる問題は、再生産のコストにおける「相応な」負担分を、労働者はかれらの「雇主」からどの程度受け取ることができるのか、ということである。

このように、労働者の世帯を、自給自足の砦、生涯雇用のプロレタリア世帯、非生涯雇用のプロレタリア世帯という三つのカテゴリーに区分することによって、われわれはつぎのように主張することができるであろう。

（1a）あらゆる時点において、非生涯雇用のプロレタリア世帯がもっとも大きなカテゴリーである。

（1b）時間の経過につれて、生涯雇用のプロレタリア世帯は増大してきている。

（1c）中核諸国における生涯雇用のプロレタリア世帯のしめる割合は、半周辺国家あるいは周辺国家のそれよりも大きい。（逆に言えば、実はこの比率の違いが「中核」状態の特質を明示するものなのだが。）

（1d）使用される労働力の単位あたりについて「雇主」あるいは「市場購買者」によって負担される再生産コストの比率は、非生涯雇用のプロレタリア世帯の場合よりも、生涯雇用のプロレタリア世帯の方がはるかに大きい。

（1e）拡張期には、非生涯雇用のプロレタリア世帯のパターンに、自給自足の砦である世帯が吸収される。そして非生涯雇用の世帯のいくつかは生涯雇用の状態へ移行する。こうして世帯は、連続体上の

「右方へ」とシフトする。

（1f）「収縮」期には、生涯雇用のプロレタリア世帯のあるものは、非生涯雇用の状態へ逆戻りする。また非生涯雇用のプロレタリア世帯の多数が「疲弊」状態に陥り、その結果早い死をむかえることになる。

（2）正確に同じ労働をおこなっても、非生涯雇用のプロレタリア世帯の労働は、生涯雇用のプロレタリア世帯の労働よりもわずかな資本ですむ。なぜなら、前者の再生産コストの一部分は（通常大きな部分をしめるのだが）、「雇主」以外のものによって負担されるからである（この点は「無制限の労働供給」とそれの実質賃金水準への影響として理解できよう。）そしてまた、後者の場合の完全なるプロレタリア化は、賃金水準を上昇させる圧力を伴って、労働者の組織化を押し進めていく政治的な条件をもたらすからである。労働者が完全にプロレタリア化されるにたるだけ「自由」となると（資本としての生産手段の完全なる領有が行われ、生計手段のすべてが商品となると）、国家形成上の理由から、労働者は自己を労働組合に組織するに十分なだけ「自由」となるのである。したがって、

（2a）結果として、実質賃金水準は（あるいはそれに相当するものは）、正確に同じ量・同じ種類の労働について、周辺地域においてよりも中核地域において、常に高い傾向にある。そしてこの賃金水準の両地域間での違いは、両者の間の資本蓄積の格差の拡大（縮小）に応じて、増大（減少）していくのである。

（2b）自給自足の世帯は、強制下においてのみ「賃金」労働力へと移行させられる。（それによって、かれらは非生涯雇用のプロレタリア世帯となる。）

至るところにおける、自給自足のための生産手段（とくに土地）の収奪、物理的な強制（奴隷化、農奴化）、強圧的な生産（徴税）といったものが拡張の過程であり、また外部的な領域から世界経済内への労働者の移動の過程であった。その結果、

（2c）非生涯雇用のプロレタリア世帯という状態への移行は、全般的に広汎な生活水準の低下をもたらすものであった。そしてこのかぎりにおいて、つぎの二つの不平等が生じることになる。完全に自給自足の世帯は、部分的にプロレタリア化した世帯よりも一般に物質的にいっそう豊かであること、そして部分的にプロレタリア化した世帯は、完全にプロレタリア化した世帯よりも物質的な豊かさにおいて一般に劣ること、である。

このパターンは、長期にわたる労働力形成の傾向——すなわち、増大していく地球の人口のより大きな部分を、部分的にプロレタリア化された状態へと移行させる傾向——と組み合わさって、つぎのような一般的な結果をもたらす。

（2d）世界システムのそして全地球上の労働力の福利の長期にわたる水準は、ごく普通に想定されるように上昇してきたのではなく、下降してきたのである。（ここに示された主張もしくは「理論的予測」は、いくつかの中核諸国の完全にプロレタリア化した労働者においては物質的な豊かさが増大しているのだという、われわれが日々抱いている信念と矛盾するわけでもないし、またその必要もない。もっともこれらの豊かな労働者が、世界システムの労働力の全体、もしくは、その大部分を成すと考えられた場合には——現在においてもまた過去においてもそういうことはけっしてなかったのであるが——、ここでの主張と矛盾することになるのかもしれない。）

したがって、

（2e）世界システムが生み出していく実質所得（消費高）のうちの、中断を伴って連続的《コンティニュアル》に増加していく部分は（中断なき連続的《コンティニュアス》な増加ということはほとんどありえない）は、労働者以外のものによって領有される。資本家自身は疑いなくこの利益をうけるのであるが、数の上ではかれらは決して大きなものではなかったし、比率の点でもかれらはつねに減少してきた。だから長期の利益の享受者は、専門家、技術者、高官や官僚など——中核地域の所産であり、したがってそこに不釣合いに多く集まっている人々——であろう。

（3）資本の発展は、相互に関連しあった三つの上昇の経路を辿るとふつう理解されている。すなわち、一つは（物的な）生産手段の規模ならびに価値の増大として表現される資本の蓄積。二つは、操業規模の拡大に表現される資本の集積。三つは、一方における資本の所有権／管理の規模の拡張と、他方における資本の所有者／管理者の少数化という事態に表現される資本の集中。これらは全般的な運動の中でおおよそつぎのように（理論上）相互に関連しあっている。

　基本的な過程は蓄積にある。それは、労働によって生産された剰余を資本が領有することから生じるのであるが、次第に技術的に洗練度の高い（物的な）生産手段の形態をとる。というのは、資本は価格競争においては生産コストを低下させねばならないという圧力下にあり、しかも賃金需要の上昇のゆえに生産コストの引き下げを行わねばならないからである。

（3a）この結果生じてくる人的な生産手段に対する物的な生産手段の割合（おおざっぱに言えば、資本／労働率）の増加は、ふつう資本の集積の増加を必然的に伴っている。もっとも、競争を通じて生まれる規模の拡張あるいは市場機会に応じた拡張のいずれかによって、技術的なもしくは組織上の変化なしに（絶対的な規模の変化は伴うのであるが）、短期的に資本の集積がなされることもありうるであろう。

集中は、たえず広がっていく「市場」の内部で、競争を通じて——しかし実際には独占の形成に近いものを通じてなのだが——一部分は生じるのであるが、また金融機関によって形成された貨幣資本の管理プールからも次第に多くの集中が生じてくる。

（3b）蓄積率——それは利潤率によって示されるのだが——が低下するとき、すなわち収縮期において、集中は最も進む傾向にあり、つぎの集積のための条件になる。そして集積は、拡張期により急速に成長することになる。（実際のところ、資本の集積のこの急速な成長は、拡張期には不可欠である。というのは、それは生産手段に対する需要の増大を必然的に伴うからである。）

歴史的な観点から以上の問題をきわめて簡単に検討してみれば、資本主義の発展のメカニズムについてのここでの説明が、全体としての資本の現実的な運動の一構成部分を捉えているにすぎないということは明かであろう。というのは、ここでの資本主義発展のメカニズムは、すべての生産手段が資本であるような、完全にプロレタリア化した人民のいる中核地域にのみ、本質的にあてはまるからである。

（3c）蓄積の規模は、資本の集積と集中のメカニズムが作用している相対的に狭い基盤上に予想されるものよりはるかに大きい。固定資本の創出過程が進行する一方で、永続的《パーマネント》な基礎上において、いわゆる「本源的蓄積」（収奪であり、また「帝国」の財宝——それは中核地域の商品の購買に使用される貢物からなるのだが——の資本への転化でもある）もまた進行するのである。

（3d）同様に資本の集積の規模も、従来信じられてきたよりも大きい。というのは、自給自足のための生産手段（とりわけ土地）の資本（それは、資本という生産手段なのであって、雇用労働あるいは徴用労働によって商品生産がなされる）への転化は、通常大規模に（プランテーション規模で）行われるからである。そうでない場合には、商品生産手段への転化は、自給自足のための生産手段を小農の手中に残したまま行われる。だがこの場合には、小農の「余剰」は、一般に商品の売買を行う大商人によって、多かれ少なかれ実質的に領有されてしまう。そうして、小農の「余剰」は、収縮期の波動の中で行われる小区分農地の集積とともに、資本蓄積の過程に吸収されるのである。

（3e）しかしながら、資本の集中の規模は、これとは別の問題である。なぜなら外部的な領域への拡張は、外見上の資本の「分散化」――個別資本が多ければ多いほど、それらは広汎に分散することになる――の局面を事実上生み出すことによって、一様に集中の現象を相殺するからである。だがそれは、一時的なものにすぎない。なぜなら周辺地域以外のところでいっそうしばしば見られることなのだが、これらの「新しい」資本は集中化の傾向が十分に作用する余地を一様に残しており、したがって蓄積過程にある中核地域の支配を再び確立していく余地を一様に備えているからである。

四　データの源泉と測定の方法

1　分析の単位

世界システム論のパースペクティブを他から区別するものがあるとすれば、それは、分析単位が経済的な諸過程と連接 links とによって定義された世界システムなのだということにあるのであって、法的、政治的、文化的、地理的等々の規準によって定義された単位ではないということである。

さらに資本主義世界経済として知られる世界システムのタイプは、空間的ならびに時間的な諸現象によって定義される。空間的には、世界システムはそれの位置が変動する傾向をもつ様々な経済圏から成るのであって、世界経済の全体は断続的に拡張していく傾向にある。時間的には、世界システムは循環的な性質をもった長期波動《ロングターム・ウェイブ》にしたがい、長期的《セキュラー》なパターンにおいて構造的に変化する。

このことはつぎのことを意味している。資本主義世界経済に関するいかなる研究も、作用している諸過程を考察するためには、社会的な行為がそこにおいて生じる絶えず変化していく空間的・時間的な境界（自明な境界では決してない）を、必ず区切らなくてはならないということである。とはいえ、境界そのものはこれらの過程の結果なのである。

したがって理論的かつ実際的な理由で、われわれの研究は、境界についての暫定的な想定と、この境界を――その内部で観察はなされるべきなのだが――再規定するのに役立つような過程の分析や測定との間を、行き来しなくてはならない。（うまくゆけば、これは認識上の螺旋状効果をもつのであって、単なる繰り返しに終わるわけではない。）

とりわけ研究の出発点においてわれわれは、資本主義世界経済の内部にある領域とそれの外部のアリーナに位置付けられた領域とを区別するような暫定的な規準を、設定しなくてはならないであろう[33]。すなわち、中核、半周辺、周辺の各地域を区別するための暫定的な規準、そして世界経済全体の長期的な拡張と相対的な収縮の時期を（「過渡」期についても同様に）区別する暫定的な規準である。

2 世界経済の過程

われわれの述べている過程は、世界経済を単に構成しているだけではなく、絶えずそれを再構成していく。われわれの仮説は、すべてこれらの過程についての仮説なのであって、境界を想定しているのである。

これらの過程のいずれについても、データの源泉と測定の方法は、それ自身広範囲にわたる研究の課題であり、そして実際のところこの研究プログラムの主たる目的である。このことは、さらにつぎのようないっそう《ア・フォルティオリ》有力な理由からも明らかであろう。これまで収集されてきたほとんどの定量的データは、そして定性的データでさえも、このプログラムの基礎をなすものとは異なった分析単位に基づいて収集されたものであったということである。すなわち、従来の通常の分析単位は、実際のところ国民国家なのである。それで社会科学者が利用できる大部分のデータは、国民国家のパラメーターにデータを照合させるという、国家もしくは民間機関による記録保存操作から引き出されたものである。社会科学者によって直接に収集されたデータでさえも、かれらの研究を基礎づけているパラダイムのゆえに、国民国家という分析単位の水準で集められ、またその水準にあてはめられたのである。

だからといって、これらのデータが役に立たないというわけではない。が、これらのデータは部分的なものなのであって、活動の全体的なアリーナを無視しているのだから、データが存在していても、世界経済に関する仮説に関連づけて使用される場合には、その多くは広範につくりなおされねばならない。これらのデータは、部分的に実状を表現しているにすぎないのである。すなわち多くの場合には、国家の境界は経済的境界と関連していないだけではなく、それをはっきりと分断するからである。そしてまたつぎの点においても、部分的に実状を表現しているにとどまる。すなわち、われわれが観察しようとしている世界システムの多数の諸過程は、関係的なものであって、本性上、継起的なものではないという点である。

われわれは、実際の測定をどのように行うのかを、ここで正確に描くつもりはない。われわれがなしうることは、ある過程を選び、その過程の分析に含まれている論点を論じることによって、問題にアプローチする方法を例証することである。われわれがここで取りあげる過程は、労働過程、すなわち三の3（1）で論じた仮説の主題である。

労働「過程」——ときには、社会的な生産関係とよばれ、また労働管理の様式ともよばれる——は、社会科学の多くの文献の中で、きわめて広範囲に論じられてきた。その様々な過程を概念化するために広く使われているカテゴリーは、本質的にすぐれて法的なものであって、一「企業」というコンテキストの中で、労働者／「雇用者」のペアを記述しようとする傾向にある。たとえばわれわれは、賃金労働者を、「自営」の職人 “self-employed” artisans、百姓、小商人などから区別する。そしてまたかれらを、「地代」を支払ったり収穫物を「わけあう」小作人《テナント》〔分益小作〕からも区別するとともに、「農奴」や奴隷からも区別する。それらの文献によれば、これらのありうべき諸身分の中で、労働者のひとつの社会的状態を他のものから区別するのは、第一に法的な「諸権利」なのである。奴隷は、自分の意志では仕事をやめることはできず、彼の意志に反して他の仕事に移されることもありうるであろう。「農奴」も、自分の意志では仕事をやめることができずに、他の仕事に移されるであろう。賃金労働者については、自分の意志で仕事をやめることはできるが、また「解雇され」うるのである。だがかれらは、かれらの意志に反して他の労働へ移されることはない。小作人の場合は〔費用を有償で負担すれば〕自由になれるのであり、また〔死亡によって借地契約が無効となる場合にのみ〕解放されうるのである、と。

さらに、財、役務、貨幣それぞれのフローに関連させて賃金労働者を定義するもうひとつの区別も存在している。賃金労働者は、貨幣を受け取って役務を提供するが、生産物を管理しない。奴隷は財を受け取って役務を提供するが、生産物を管理しない。農奴は、財、役務、あるいは貨幣を提供し、その代わりに、かれらの生産物の一部を管理する権利を受け取る等々である、と。

近代史ならびに近代の社会科学を押し進めてきたものは、以上のように「強制された」労働の形態から「自由な」労働へ、そしてまた財や役務の形態をとったフローから貨幣の形態をとったフローへという労働過程の長期的な歴史的変動を理解することにあったのである。もっともここでは紙幅に限りがあるので、このような一般化に対する批判は自制しなくてはならない。

以上のような賃金労働者の定義に基づいて、つぎのような安易な仮説が導き出されることになる。すなわち、労働や財・役務のフローの「強制された」形態は「伝統的」なものであるとか、「封建的」であるとか、あるいは「前資本主義的」であるという仮説であり、そしてまた「自由」な労働と貨幣フローは「近代的」であるとか、「資本主義的」であるとか、あるいは「合理的」でさえあるという仮説である。[34] われわれは、このような定式化に対して、断固異論をとなえる。それは開発主義的なパラダイムの核心をなすのであって、世界システムのパースペクティブはこれに対立するものだからである。このような定式化は、一七世紀のラテンアメリカのアシエンダにおける賦役労働、[35] 南アメリカのプランテーションにおける奴隷制、[36] 刈分け小作制、[37] あるいは二〇世紀初めの西アフリカの移民労働者を雇い入れるココア農場会社[38]といったものは、資本主義世界経済にせいぜい「外部的に」(「交換」を通じて)関係するような、前資本主義的な形態であったという主張の基礎をなしているのである。

われわれは、「企業」の中における労働者/「雇用者」のペアではなく、労働者の世帯から考察を始める。そして生涯にわたる労働者世帯の所得の源泉、形態、そしてその稼ぎ高はどのようなものであるのかを考察する。われわれはすでに、この点に関する研究のための命題を示唆し、地域的生産の「砦」である労働者の世帯から、非生涯雇用の労働者の世帯へ、そしてそこから生涯雇用の賃金労働者の世帯へという連続体を示しておいた。われわれは、このような連続体に依拠することで、従来のものとはまったく異なった分類法に到達することができるであろう。そしてこの分類法を使うことによって、伝統的なカテゴリーが大きく再編成されることはただちに明らかとなるであろう。われわれの分類基準にしたがえば、典型的な産業労働者とプランテーション奴隷はかなり近いのだが、プランテーション奴隷と債務奴隷はまったく別のカテゴリーとなる。また小農民《ペザント》というタームは、正反対の諸々のタイプの労働者を同一グループにいれてしまうことになるから、まったく役に立たないものとなるであろう。

問題は、われわれはいかにして関連データの収集にとりかかるのかということにある。そのために、外見上は異なって見える生産システムの中で生活する労働者の生涯サイクルに関する、いくぶん明瞭な民族誌上の資料を集める必要がある。これらの資料は以下の点を明らかにするであろう。(a) 一労働者の生涯における「雇用」パターンの変化と、かれの一週間における多様な雇用パターンの変化。(b) 世帯ならびにその構成員(男と女、若者と老人)の様々なパターンについての有効な規定。(c) 生涯における「贈与」所得と「地代」所得の源泉。われわれの推測によれば、このような民族誌上のデータに基づいた考察が行われるならば、労働者の伝統的な様々なカテゴリーの間には、通常想定されているほど大きな相違はないことが、示されるはずである。

「所得」に加えて、われわれは生存と再生産のための手段が、いかにして獲得されるのかを――すなわち、「市場」における購入を通じてなのか、あるいは生活資料の生産を通じてなのか、それとも「贈与」の受け取りを通じてなのかを――同様に考察しなくてはならないであろう。大きな相違をそこにたしかに見いだすことになるだろうけれども、それらは通常想定されるものよりは小さなものであると思われる。

われわれの理論的フレームワークに関して、つぎの三つの重要な比較を行いたい。ゾーン（中核、半周辺、周辺）に応じたパターンの相違。長期の循環モメント（拡張期、「過渡期」、相対的収縮期）に応じたパターンの相違。世界経済全体の長期的な段階に応じたパターンの相違。ここでは、さきに論じておいた時間・空間の境界についての予備的な査定を使わなくてはならないであろう。

当然のことながら、生産過程の（広い意味での）民族誌的な叙述とそのあるものに関して、定量的データが現存している。われわれは、それらの現存のデータを使うことができるだろうか。そこには当然、われわれが埋めなくてはなくてはならない重大なギャップ——それは当初から事実上ときおり存在してきたものなのだが——も存在しているのであるから、これらのデータの多くのものについて、再編成しなくてはならないであろう。

しかし、どうにか、われわれの仮説を確証しうるような定量的データ（少なくとも程度の等級を示しうるような）の適切なる水準[39]に達することができるとするならば、そのときには、おそらくわれわれは、より正確な研究を可能とするような方法でこれらの仮説を再定式化することができるであろう。

3 研究課題

世界経済の分析単位と諸過程についてのわれわれの見解からすれば、六つの具体的な研究課題が存在すると思われる。これらの課題は、われわれの命題を確証するために必要な知識を収集し、対照し、構成していくことを可能とするものである。

課題1：世界経済の境界設定

資本主義世界経済の「境界設定」という課題は二重である。（1）「境界設定」の規準を定義するという方法論的な課題。（2）ついで、時間の経過にしたがって世界経済の地理的な広がりを図示するという経験的な課題。操作上、境界を特定することは、世界経済の数量化には不可欠なものである。境界は恣意的なものではないのであって、それを特定することの前提と条件は、それらが理論的に適切か否かにしたがって決定されるのである。換言すれば、境界の範囲や規模はシステムとしての世界経済の広さを明確にすることになる。

世界経済は、二組の境界——すなわち「内的」な境界と「外的」な境界——から構成されている。これらの境界は、時間の経過にしたがった世界経済の内包的・外延的な成長パターンとして考えられるものに一致している。過去五世紀の間に、世界経済の「外的」境界の長期的な拡張がなされた。その結果、現在においては、世界経済の「外部」のアリーナは存在していない。ここでの課題の一つは、歴史上の様々な時期において、世界経済に内部的なあるいは外部的な経済領域を区別するために必要な規準を明示することにある。

世界経済の循環的なトレンドにしたがって拡張しまた収縮してきた「内的」な境界は、土地利用の様式の変化に、そしてしばしば居住人口の包摂もしくは排除という事態に、かなり正確に一致している。それゆえそれらは、そのまま地図上に図示されよう。すなわち「内的」な境界は一部は人口密度の変化によって設定されるが、その大部分の領域は、土地資源を利用する際のコストの構造上の循環的な変動にしたがって変化する。このことは、土地開拓 bonification と土地放棄 Wüstungen のような循環的な現象によって示されるであろう。また、石炭採掘の今日のパターンが示していることは、世界の循環的な経済トレンドと経済資源の集約的な開発の程度の間の関係である。国民国家の資源開発を示す数字を単純に総計することは、資源の世界経済上の開発における現実の集約的な境界(比例分布)を覆い隠してしまうであろう。

方法論的には、「世界経済の境界設定」は、境界を構成する過程、すなわち、境界に設定されるべきものを確定していく過程を含んでいる。境界は、すでに述べたように、「世界経済に対して外部的な」領域という考え方の中に示されているのであって、地理的な周縁の内部に、一連の過程によって構成されるのである。もちろんこれらの一連の過程は、世界経済の分業におけるその歴史的なコンテキストと作用上の役割にしたがって変化し、そして様々な生産システムに関連づけられた関係のネットワークの性質に一致したものなのである。

これらの一連の過程において、「外的」な境界の特定はつぎの三つの現象をとおして決定される。

(1)介在することによって世界経済の拡張を促し、周囲の供給システム(たとえば食糧用の穀物、労働、中間商品といったもの)を中心に集めるような「成長の柱」(たとえば都市、港、製造工場……)の確定。

(2)世界経済における「生活必需品」の交易パターンの確定。このことは、「贅沢品」に対する「生活必需品」という長い論争を体系的に再検討し、それの解決(測定を目的とした)を迫ることになるであろう。輸送における陸上ルートと海上ルートの双方、もしくはそのいずれか一方への依存度の変化を記録することによって、われわれは、世界経済における境界の作用上の変化の端緒を見いだすことができるであろう。

(3) 世界経済の境界と国家支配のもとにある境界との間の関係を理解すること。国家の中心化の(そして植民地化の)作用は、全物質的・全経済的領域を監視下におさめる(たとえば、土地立法や租税制度を課したり、輸送システムの建設を通じて)。ある場合には、このことは市場や労働補充源を世界経済へ包摂していく様式に影響を与えるかもしれない。ひとたび、国家の拡張と世界経済の拡張との間の関係が理解されれば、さらなる方法が利用できるのであって、それによって世界経済の境界設定の研究は、国境の拡張/統合の現象を扱うという研究レベルから、先に進むことができるであろう。

課題2:世界経済においてたえず変化していく分業の図式化

この図式化を編成する原理は、中核・半周辺・周辺という、世界システムの諸水準のカテゴリー上の差異である。世界経済の分業における様々な経済的機能によって、また階級構造、政治組織、労働管理の様式によって分類されたこれらのゾーンが、資本主義世界経済を構成する様々の生産過程の集まりを構造化しているのである。この課題の目的は、穀物、精肉、木材、織物、砂糖、金属(貴金属と産業用金属)などのような必需商品の生産に対して、様々な時期にわたって、世界経済のこれらの差異化されたゾーンが果たしてきた相関的な貢献を記録することである。

結果として生じてくる生産過程の差異的な配置は、世界経済のゾーンについて、これらの生産過程の——恣意なものではない——関係的な分布を示すであろう。たとえば、工場制度、プランテーション制度などのゾーン別の相関的な分布は、世界経済の生産パターンの差異的な特質を、経験的に確証するものである。

このような「不均等な発展」の諸パターンは、生産地域がシステム上の差異に一致して時間的に、生成し没落していくことを示しているのである。別の言い方をすれば、この課題で行おうとしていることは、世界経済の分業が変化していく中で、「人々」の状況もまた変化していくことを描くことにあるのである。

課題3：世界経済に関する循環の研究の総合

この課題は、国際経済における循環運動に関連した経済的・社会的指標についての研究を検討することである。それは、世界経済循環についての現在の認識状態を明らかにするという目的でなされるのである。(40)

われわれは、フェルナン・ブローデルとフランク・スプーナーの研究（前掲〔本書三三頁、註(26)〕）を、理論とデータの総合モデルとして取り上げる。物価史（それは通貨、貴金属、必需商品、そして実質賃金指標に関するものなのだが）を分析の刃として使うことによって、ブローデルとスプーナーは、ヨーロッパの経済地域と貨幣制度の間の、時間の上での異なった関係についての歴史記述の再評価を行っている。かれらが行おうとしたことの一部は、ここ三世紀の長期的なトレンドの運動と、様々な循環トレンドに規定された時期区分や周期性（たとえば、コンドラチェフの半世紀サイクルから、ラブルースの一五年の間-循環をへて、収穫年についての最短の季節サイクルまで）との間の相互作用に必然的に関連していた。これらの論者たちの行った総合は、ヨーロッパ規模での経済リズムの継続した経済的推進力がもつ差異的でしかも統合を強化していく性質を明らかにした。われわれはこの方法を実り豊かなものだと考える。

われわれの研究プロジェクトは、当然のことながら、公正価格の諸系列《シリーズ》――もっともこれも「系列的《シアリアル》・歴史学《ヒストリー》」の大きな構成部分なのであるが――よりも、多様に構成されたトレンドの配列を問題としている。われわれの課題は、研究の理論的枠組の分類、その（明示的／暗黙的）分析単位、使用データの種類や範囲、循環のパラメーターの識別方法、循環の期間と相互作用、観察される循環トレンドの比較可能性などを含むであろう。このようなわれわれの研究は、その概念上の枠組みと測定の操作の点から、研究の内的な一貫性を問題としているのである。

課題4：生産過程の編成単位の諸タイプ

世界的規模での生産過程の差異的な複合性と配置に関する一連の指標は変化していくものである。ここでの課題は、このような一連の指標の変化を、労働-資本関係のコンテクストにおいて考察することである。労働-資本関係は、生産の一つの恒常的な編成原理として存続しているにもかかわらず、その関係の内容や特質は、その特定の歴史的な位置や過程の世界システム上のコンテストに関連して変化する。だから、「問屋制度」の語によって捉えられる関係的ネットワークの広がりと性質は、一方では、一八世紀ヨーロッパの地方都市-後背地といったレベルのものから、二〇世紀の多国籍企業――それは資本主義的企業経営の単位規模やスケールの拡張の結果なのであるが――の支部工場《ブランチプラント》を含んだ超国籍的な現象にまで発展してきた。だが、それにもかかわらず他方では、以前の問屋制度のタイプは、新たな種類とならんで、今日の世界経済のいくつかの周辺地域における地方的な生産過程として、今でもなお存続している広汎な現象なのである。

生産システムの多様性（たとえば、小商品生産、マニュファクチュア、プランテーション制度、鉱山経営、工場制度、牧場経営、刈り分け小作制、支部工場生産）は、それの存在している時と所にしたがって分類されねばならない。生産システムの性質を時と所にしたがって具体的に分類することは、また、その周囲の社会‐経済に対する関係の在り方（従来の経済用語では「後進と先進の結合《リンケイジ》」）の考察をも伴うであろう。

周囲の社会―経済に対する生産システムの関係の仕方が意味するものは、経済システムへの生産単位の統合様式であり、また逆に経済活動を生産単位の再生産のうちに組み込む様式でもある。これらの交換関係のシステムは、基本的な世界商品の生産と影響を規定する点において――それはここでの考察の目標なのであるが――、決定的な意義を有する。すなわちわれわれは、このような生産の維持制度に組み込まれた住民／非貨幣的地方経済をも含めて、商品生産に関わるパラメーターと関係ネットワークを記録することに関心を持つのである。そこから得られる知識は、労働力補充の種類（そして源泉）、非賃金所得の質と量、ならびに食糧穀物の供給圏、そして輸送システム、技術水準（不均等な関係のもとにある）などのような現象を示すのである。このようにして、われわれは生存消費と商品消費との接合関係を考察することになる。因に商品生産に使用される安価な労働が世界経済の自給地域によって供給されているという現象に関する研究は増大してきている。(41)

課題５：世界経済のレベルにおける純資本蓄積（資本形成から非蓄積部分★を差し引いた部分）の測定

ここでの課題は、世界資本蓄積の推移を評価する方法を確立することである。また、資本蓄積についての国民的なデータの積み重ねとは正反対に、この課題においては、世界経済圏での純資本蓄積の関係的な側面に焦点があてられる。たとえば、「多国籍企業」は「中核」の中に係留されているのだが、そのような「多国籍企業」が蓄積を行っていく場合の生産単位としての存在条件は、「周辺」からの資本の移転にある。（それは多くの場合において、地方における生産能力の成長に対する競争の上での障壁の前提をなすものでもある。）

したがって、この課題の全体は、まず第一に、様々な生産過程を組み入れることによって、世界経済における資本蓄積過程の相互依存性についての詳細な叙述を行うことである。この操作は、世界経済の生産数値のうちに直接に記録され、そしてそこから推測される生産能力の純成長を測定するために不可欠なものである。すなわちこの課題の趣旨は、理論的には絶対に必要であるのだが、実際に行うことは不可能と看做されてきたことを克服することであり、つまりは非貨幣的な経済過程の資本蓄積への貢献を測定することなのである。加えてわれわれは、国家収入の源泉の多様性ならびに国家支出が資本蓄積と非蓄積の形態をとるあり方を体系的に考察するであろう。明らかに、このような考察は、資本主義世界経済において生産能力の増大していく基本的な道を確証することになるであろうし、さらには従来測定されてきた資本フロー（金銀地金と正貨）の基盤にある脈絡を確証するであろう。

★ 非蓄積部分というのはつぎのようなものである。資本ストックの損耗・老朽化・陳腐化（コスト構造の変化の結果生じる）

・景気の後退の影響・意図的な破壊（戦争行為などによる）・剰余の消費（例えば、「資本の食いつぶし」）。

課題6：世界経済の労働力の形成

この課題は、労働の制度諸形態を記録し、様々な歴史時期に種別的な世界経済圏とこうした制度との対応を記録することにある。明らかに、それは他の課題においても推察されるのではあるが、それ自身別個に体系的な考察が加えられねばならない。様々なカテゴリーの労働力を、時間の経過にしたがって量的に測定することは、世界経済とその純資本蓄積の継続的過程を分析するためのもうひとつの方法を成している。この方法は世界的なデータに関する別の源泉を提供するものであり、つぎの点で有益である。（a）世界経済を横断する移民パターンと労働移動にかんする新たな研究と仮説に対して、欠くことのできない枠組みを提供する（例えば、資本主義世界経済の様々な形成期に対応した労働移動の様々な形態のひとつとして、カフカス人移民と奴隷交易との間の関係を挙げることができよう）。（b）世界経済の長期循環トレンドと、雇用と失業の形態ならびにその配置の変動との相関関係を明らかにすることを可能とする。（c）世界経済の発展過程において、労働力としての女性と子供の地位の変化を考察しなおすことを可能とする。（d）家庭、工場、そして地域共同体全体における生活の質に対する、労働過程の変化の影響を検討するための体系的なデータを提供する。

（市岡義章訳）

＊ この研究案は、センターの研究グループの度重なるセッションの後、イマニュエル・ウォーラーステインとテレンス・K・ホプキンスによって起草された。このセッションにはわれわれの他に、ニコル・ブスケ、ネヴィル・ダイスン＝ハドスン、フィリップ・マクマイケル、そしてデール・トーミックも参加した。

註

（1） I. Wallerstein, " A World-System Perspective on the Social Sciences ", *British Journal of Sociology*, XXVII, 3, Sept. 1976, 343-353.〔「社会諸科学に関する世界システム的パースペクティブ」、藤瀬浩司・麻沼賢彦・金井雄一訳『資本主義世界経済I——中核と周辺の不平等』名古屋大学出版会、一九八七年〕を見よ。

（2） 例えば、United Nations, *The Economic Development of Latin America and Its Principal Problems* (New York, 1950)；Raúl Prebisch, " Commercial Policy in the Underdeveloped Countries ", *American Economic Review Papers and Proceedings*,May 1959；Werner Baer, " The Economics of Prebisch and ECLA ", *Economic Development and Cultural Change*, January 1962.

（3） この見解の論理は、S. J. Patel, " Depressed Exporters: The Hard Core of Development Problems ", *Economia Internazionale*, XXIV, 3-4, Aug.-Nov.1971, 543-559 によって展開されている。なお、Jagdish Bhagwati, " A Skeptical Note on the Adverse Secular Trend in the Terms of Trade of Underdeveloped Countries ", *Pakistan Economic Journal*, X, 4, Dec. 1960, 1-11. を参照せよ。

（4） Ragnar Nurkse, *Problems of Capital Formation in Underdeveloped Countries* (Oxford, 1953)；Gunnar Myrdal, *Development and Underdevelopment : A Note on the Mechanism of National and International Economic Inequality* (Cairo, 1956).

（5） 著作は多方面にわたっている。ポール・バランの著名な書として、*The Political Economy of Growth* (New York: Monthly Review Press, 1957)〔浅野栄一・高須賀義博訳『成長の経済学』東洋経済新報社、一九六〇年〕がある。近年のものとしては、サミール・アミン、F・H・カルドソ、テオトニオ・ドス・サントス、アンドレ・グンダー・フランク、タマス・スゼンテスのものがある。

（6） 例えば、A.D.Roberts, " The Sub-imperialism of the Baganda ", *Journal of African History*, III, 3, 1962,435-450.

（7） Ruy Mauro Marini, *Subdesarollo y revolución*（Mexico : Siglo XXI, 5th rev.ed., 1974）を見よ。

（8） I. Wallerstein, "Semi-peripheral Countries and the Contemporary World Crisis", *Theory and Society*, III, 4, Winter 1976, 461-484.〔「半周辺諸国と現代の世界危機」、藤瀬他訳、前掲書〕を見よ。

（9） 最初の定式化は、アルジリ・エマニュエルの、*Unequal Exchange*（New York : Monthly Review Press, 1972）においてなされた。引続きなされている論争については、とりわけ、つぎのものを見よ。Oscar Braun, *Comercio internacional e imperialismo*（Buenos Aires : Siglo XXI, 1973）; Samir Amin, *L'échage inégal et la loi de la valeur*（Paris : Ed. Anthropos——IDEP, 1973）〔花崎皋平訳『不等価交換と価値法則』亜紀書房、一九七九年〕; E. Somaini, A. Emmanuel, L. Boggio & M. Salvati, *Salari, sottosviluppo, imperialismo*（Torino : Giulio Einaudi Ed., 1973）.

（10） Paul Samuelson, "Trade-Pattern Reversals in Time-Phased Ricardian Systems and International Efficiency," *Journal of International Economics*, V, 4, 1975, 309-365. を見よ。アルジリ・エマニュエルによるリプライについては、"Gains and Losses from the International Division of Labor," *Review*, I, 2, Fall 1977. を見よ。

（11） A. G. Frank, "Sur l'accumulation qu'on appelle primitive," *L'homme et la société*, Nos. 39-40, janv.-juin 1976, 45-75. を見よ。これは、第一次世界大戦頃にはじめて議論された問題である。R. Luxemburg, *The Accumulation of Capital — an Anti-Critique*〔長谷部文雄訳『資本蓄積再論』岩波文庫、一九三五年〕と N. Bukharin, *Imperialism and Accumulation of Capital*（New York : Monthly Review Press, 1972）〔佐山清訳『帝国主義と資本の蓄積』希望閣、一九三〇年〕を見よ。

（12） Philip C. Jessup, *A Modern Law of Nations*（New York : Macmillan, 1949）を見よ。

（13） Walter L. Dorn, *Competition for Empire, 1740-1763*（New York : Harper Torchbooks, 1963）, 1. ドルンは一八世紀について論じているので、論及はヨーロッパに限定されている。今日では、地球全体にあてはまるであろう。

（14） Charles Tilly, ed., *The Formation of National States in Western Europe*（Princeton : Princeton

University Press, 1975）の各所を見よ。また、シュタイン・ロッカンの多数の著作を見よ。

（15）これについては、Richard Koebner and Helmut Dan Schmidt, *Imperialism : The Story and Significance of a Political Word, 1840-1960*（Cambridge : University Press, 1964）の中で、詳細に描かれている。

（16）J. A. Hobson, *Imperialism : A Study*（originally published 1902）〔矢内原忠雄訳『帝国主義』全二冊、岩波文庫、一九五一年〕〕; V. I. Lenin, *Imperialism : The Highest Stage of Capitalism*（originally published 1916）〔宇高基輔訳『帝国主義』岩波文庫、一九五六年〕。

（17）典型的な議論は、Kwame Nkrumah, *Neo-Colonialism : The Last Stage of Imperialism*（New York : International Publishers, 1965）〔家正治、松井芳郎訳『新植民地主義』理論社、一九七一年〕の中に見られる。

（18）この用語は、C・R・フェイによって一九四〇年にはじめて使われた。そして John Gallagher & Ronald Robinson, "The Imperialism of Free Trade," *Economic History Review*, VI, 1, 1953. の論文によって広く流布された。

（19）「世界戦争」という語が造り出されたのは二〇世紀になってからであったが、今日では研究者たちは、はじめて「大陸全体がふたつの戦争陣営に分けられた…」のは三〇年戦争であったことに着目している。J. V. Polisensky, *The Thirty Years War*（Berkeley : University of California Press, 1971）, 257.

（20）I. Wallerstein, "The Rise and Future Demise of the World Capitalist System : Concepts for Comparative Analysis," *Comparative Studies in Society and History*, XVI, 4, Sept. 1974, 387-415.〔「世界資本主義システムの勃興と将来における死滅——比較分析のための諸概念」、藤瀬他訳、前掲書〕。

（21）このテーマを強調した最初の主要な著作は、おそらく、Pierre Moussa, *Les nations prolétaires*（Paris : Presses Univ. de France, 1959）であった。

（22）コンドラチェフの論文は最初にロシア語で出版され、ついでドイツ語で一九二〇年代に出版された。この論文は、"The Long Waves in Economic Life," *Review of Economic Statistics*, XVII, 6, Nov. 1935,

105-115.〔「景気変動の長波」、中村丈夫編訳『コンドラチェフ景気変動論』亜紀書房、一九七八年〕として、英訳された。初期のロシアにおける論争は、G. Garvey, “Kondratieff's Theory of Long Cycles,” *Review of Economic Statistics*, XXV. 6, Nov. 1943, 203-220. において、要約されている。

（23） おそらく最も重要で、疑いもなく広く知られている著作は、Joseph Schumpeter, *Business Cycles*, 2vol.（New York : McGraw-Hill, 1939）〔吉田昇三監修、金融経済研究所訳『景気循環論——資本主義過程の理論的・歴史的・統計的分析——』全四冊、有斐閣、一九六一年〕

（24） この点については、限定が付されねばならない。いくつかの総合的な文献がある。Alvin H. Hansen and R. V. Clemence, eds., *Readings in Business Cycles and National Income*（New York : Norton, 1953）; Leon H. Dupriez, *Des mouvements économiques généraux*, 2vol.（Louvain : I. R. E. S. de l'Univ. de Louvain, 1947）; Gaston Imbert, *Des mouvements de longue durée Kondratieff*（Aix-en-Provence : La Pensée Universitaire, 1959）. アンベールは、五〇一―五一七頁で長い文献目録を復刻している。

（25） とりわけ、W. W. Rostow, “The Developing World in the Fifth Kondratieff Upswing,” *Annals of the A. A. P. S. S.*, No.420, July 1975, 111-124. を見よ。

（26） この時代の要約については、つぎのものを見よ。F. P. Braudel & F. Spooner, “Prices in Europe from 1450 to 1750,” in E. E. Rich & C. H. Wilson, eds., *The Economy of Expanding Europe in the Sixteenth and Seventeenth Centuries*, Vol.IV of *The Cambridge Economic History of Europe*（Cambridge : University Press, 1967）, 374-486.

（27） つぎの著作を見よ。Marie Kerhuel, *Les mouvements de longue durée des prix*（Rennes : thèse pour le doctorat en droit, juillet 1935）; Jenny Griziotti-Kretschman, *Il problema del trend secolare nelle fluttuazioni dei prezzi*（Pavia : Publ. della R. Università di Pavia, 1935）. 初期の論文としては、C. Bresciani-Turroni, “Movimenti di lungha durata dello sconto e dei prezzi,” *Giornale degli Economisti*, II, 1917, 1-11. を見よ。

(28) F. Simiand, *Les fluctuations économiques à longue période et la crise mondiale*（Paris : Alcan, 1932）を見よ。

(29) C. E. Labrousse, *Esquisse du mouvement des prix et des revenus en France au XVIIIe siècle*（Paris : Lib. Dalloz, 1932）, 2 vol. を見よ。

(30) 七世紀にわたる明細な計測が、B. H. Slicher van Bath, *The Agrarian History of Western Europe, A. D. 500-1850*（New York : St. Martins, 1963）によって行われた。ピエール・ショーニュの多数の著作を参照せよ。また *I prezzi in Europa dal XIII secolo a oggi*（Torino : Einaudi Ed., 1967）における、ルッジエーロ・ロマーノによる、編者の長い序を見よ。

(31) これは、「封建制から資本主義への移行」の性格についての古典的な論争である。マルクス、ウェーバー、ドッブ対スウィージー等々を見よ。

(32) このテーマに着手したのは、ジョン・U・ネフであった。*The Conquest of the Material World*（Chicago : University of Chicago Press, 1964）の中の様々な論文を見よ。

(33) これがいかにしてなされたのかに関する叙述としては、つぎのものを見よ。I. Wallerstein, "Africa in a Capitalist World," *Issue*, III, 3, Fall 1973, 1-11. の中の資本主義世界経済へのアフリカの関係についての実証的な議論、および I. Wallerstein, "The Three Stages of Africa's Involvement in the World-Economy," in P. C. W. Gutkind & I. Wallerstein, eds., *The Political Economy of Contemporary Africa*（Beverly Hills : Sage, 1976）, 30-57.

(34) 前資本主義的形態の非-「合理性」は、ウェーバーにとって中心的なものである。*The Theory of Social and Economic Organization*（New York : Oxford Univ. Press, 1947）, 276ff. を見よ。

(35) Ernesto Laclau (h), "Imperialism in Latin America," *New Left Review*, No. 67, May-June 1971, 19-38. また、Lesley Boyd Simpson, *Many Mexicos*（Berkeley : Univ. of California Press, 1967）, 111. を見よ。

(36) Eugene D. Genovese, *The Political Economy of Slavery*（New York : Pantheon, 1967）; cf. Charles

Verlinden, *The Beginnings of Colonization* (Ithaca : Cornell Univ. Press, 1970).

(37) Roger Ransom and Richard Sutch ("Debt Peonage in the Cotton South After the Civil War") と Joseph D. Reid, Jr. ("Sharecropping as an Understandable Market Response-the Post-Bellum South") との間の *Jounal of Economic History*, XXXIII, Mar. 1973における論争を見よ。

(38) 社会人類学者のこの標準的な見解に対するもっともな懐疑については、Polly Hill, *Migrant Cocoa-Farmers of Southern Ghana* (Cambridge : University Press, 1963), の各所を、そして特に Appendix VII. 6, "Linguistic Economics", 214-217. を見よ。

(39) Oskar Morgenstern, *On the Accuracy of Economic Observations,* 2nd ed. (Princeton : Princeton University Press, 1963), esp. ch. III. 62-69. において適切に指摘されているような、「もっともらしい正確さ」の大きな危険性をわれわれは十分に自覚している。

(40) このような研究には、つぎのものがある。I. Svennilson, *Growth and Stagnation in the European Economy* (Geneva : U. N. E. C. E., 1954) ; W. A. Lewis, "World Production, Prices, and Trade," *Manchester School of Economic and Social Studies*, XX, 1962, 105-138. ; Angus Maddison, "Growth and Fluctuation in the World Economy, 1870-1960," *Banca Nazionale del Lavoro*, No. 61, June 1962, 127-195.

(41) 例えば、現代の南アフリカについての文献は広範囲にわたっている。一例としては、つぎのものを見よ。Bernard Magubane, "The Native Reserve (Bantustans) and the Role of the Migrant Labor Systems in the Political Economy of South Africa" in H. Safa and B. M. DuToit, eds., *Migration and Development* (Paris : Mouton, 1975), 225-269.

世界経済論的アプローチにおける地理的尺度

ピーター・J・テーラー

世界経済論的《ワールド・エコノミー》アプローチは、「開発論」的アプローチに代わるものとして提起されてきた。後者は諸社会――ふつうは諸国――を、特定の経済的・社会的・政治的な変化パターンにそって個々別々に推移するものと想定している。われわれの課題は、われわれの見方の尺度《スケール》を変えることであり、諸国を個々別々に研究するのでなく、世界経済のなかで相互関係をむすぶものとして諸国を観察することである。したがって開発プロセスが唯一確認しうるのは、全世界的《グローバル》な尺度で生起していることである。もちろんこうした議論は、たんなる地理的尺度の変化につきない問題にかかわるが、本稿が論じるのはこの地理的尺度の側面である。

各種の地理的尺度にかかわるような形に議論を集中するとき、ただちに気づくのは、ある重要な尺度が見失われているということである。二〇世紀の社会科学研究はたいてい、都市問題にかんしてなされてきた。これら都市研究は現代の社会科学の主要部分をなし、世界経済／開発主義の議論とかかわらない分析尺度を表わしている。本稿で詳論するのは、全世界、国民、都市という諸尺度の三点セットであり、それによって、これら三者を一個の世界経済論的パースペクティブのうちに関連づけようとするものである。

社会科学研究の諸尺度

社会諸科学の興味ある特質の一つは、それら各々が右にみた三つの尺度の見地に立って、それぞれの素材を編成しているということである。このことは予想されるとおり、人文地理学において最も明白であるが、他の各社会科学もそれぞれの尺度を編成している。さらにいえば都市という尺度の登場も、各学問分野にとって似たような状況のもとで起こったことのように思われる。

これら学問分野ごとの尺度編成を簡潔にリストアップしておこう。政治学では、明白な理由のゆえ国家次元が最も共通に関心のある尺度であるが、国際関係論および都市政治学という別の分野も存在する。経済学では、国際的尺度は貿易理論で、国家的尺度はその他のマクロ経済学で表わされ、最近では都市／地域経済学が重要になってきている。社会学では典型的には、社会システムは国家的尺度で生起するものと見られているが、その両側に比較（国際）社会学ならびに都市社会学の広大な分野が横たわっている。

近年最大の注目をあつめた尺度は都市である。実際、都市研究は主として二〇世紀社会科学の成果であり、これは一九世紀の開拓者たちによって少なからず無視されたものであった。都市への関心がわきおこったことと、経験的テストを強調する実証主義的パースペクティブが発展したこととを結びつけるのは、理由のないことではないようにみえる。こうした結びつきは、ロバート・パークの仕事[1]における都市社会学に明瞭である。パークはその「人間エコロジー」の構築にあたって、「エコロジー」プロセスを測定し検定するための実験室として、都市（シカゴ）の利用を提案した。パークの時代以来ずっと、都市は実験室として研究者たちを引きつけてきた。都市は各種アイデアをテストするための無数の機会（たとえばデータ）を提供しているからである。その結果として都市社会学がうまれ、これは他のどの分野にもまして都市研究を含むものであった。とはいえ他の分野でも、よく似たプロセスは確認されうる。権力や権勢への関心から都市政治研究が生まれ育ち、そして都市はこれまた、統治や統治作用過程の研究[2]にとって近づきやすいものであった。最後に、この命題は経済学の場合においても支持されるものであることが注意されてよい。もっとも経済学は、社会諸科学のうちでもいちばん理論的で実験の伝統がほんのわずかしかなく、都市圏域への関心もいちばん少ないのであるが。都市経済学や地域経済学は依然として、経済学という学問に対して「貧しい関係」にとどまっている。

われわれは地理的尺度にかかわっているのだから、人文地理学は正当にも、われわれの議論にとって特別の注意にあたいする。人文地理学は一九五〇年代および六〇年代に実証主義の段階を経過したが、それはまた都市的尺度への関心の興隆と軌を一にするものであった。地理学の数量革命は大部分、都市地理学にかかわってであり、この都市地理学はいわば実地テストを熱烈に待ちこがれている空間モデルをもっていた[3]。対照的に、数量革命のおよばなかった人文地理学の分野は政治地理学であった。これは他の地理学諸分野よりも非実験的なままにとどまり、今日期待したいところではあるが、残念ながらこれまでは都市的尺度を無視してきた。政治地理学はおそらく、都市の特化——これは一九七〇年代に出現したばかりである[4]——の問題を展開すべき、社会科学の最後の分野であるのに、それ自身の欠陥と思われるものの結果、政治地理学はそこにおいてみずからの研究がなされる尺度に、より多くかかわってきた。という次第でこの問題圏は、今日、われわれのいう三つの尺度を中心に再編成されており、ごく最近の文献では明白に、自らの素材を紹介するのにこれら諸尺度を用いている[5]。コックスなどは[6]、自分の課題の一つは「尺度から自由な」モデルを、つまり三つの尺度のどれにもひとしく適用可能な一連のアイデアを提供することだ、とまで言っている。

なるほど上述の三つ以外の尺度（たとえば、都市—国家間の地域的尺度や国家レベル—全世界レベル間の「別の」地域的尺度〉のうえでなされている研究もいくつかあるが、社会諸科学におけるわれわれの思考を大きく支配しているのはまさにこの三つの尺度だということは、一般に承認されていることだと考えられる。とするならば、ここに興味ある問題が提起される。なぜほかならぬ三つの尺度なのか。なぜ二つ、あるいは四つ、五つでないのか。こういった質問がよそで発せられ答えられたのを、私は知らない。三つの尺度は多種多様な学問的伝統のなかで同じように確認されているわけだから、右の疑問への解答は当然ながら、偶然的に発見されうるものではない。したがって、三つの尺度が気まぐれな選択でないとしたら、この疑問への解答はわれわれに、社会諸科学それ自身についての何ものかを教えるはずである。

三尺度の説明

ここで示唆するのは、三尺度は世界経済においてはたす主要な役割を異にするということ、この事実を反映してかの三つがふつう社会諸科学と同一視されているということである。そこでつぎに、そういった「主要な」役割に限定して各尺度を扱おう。

(1) 現実の尺度

これは全世界的尺度、つまり世界経済である。唯物論のタームではこれは、そこにおいてわれわれの生活と環境が組織され開発される尺度と定義される。それは資本主義という生産様式によって規定され、空間的分業によって線引きされる。「現実《リアリティ》」という用語があてられているが、これは他の二つの尺度の特徴を規定するからであり、すべてを包含し不可避のものだからである。それは帝国主義の尺度である。この点はウォーラーステインの著作[7]が展開した議論である。

(2)経験の尺度

これは都市的尺度である。それは産業化された経済においては、職場と広大な住宅地帯をむすぶ日常の都市システムによって規定される。とはいえ都市システムは、ローカルな労働市場におわるものではない。それは、そこでわれわれが生活を経験する尺度である――そのなかでわれわれは買物をし、病院に行き、子供たちは学校へ行く、等々。要するにそれは、われわれの経験する生活の質を規定する。だから、ある多国籍企業が工場を閉鎖したならば、その工場閉鎖はローカルな労働市場で経験されるのであり、あるいはまたＩＭＦ〔国際通貨基金〕がある政府に支出カットを告げたとき、その影響は病院閉鎖などの形でローカルに経験されるのである。

実験において都市的尺度に人気があるのは、ひとえに都市が研究者にとって接近しやすいからである。表面的にはそれは参照枠となる尺度である。資本主義の諸問題は都市的尺度において現れ、したがって「参照枠をもとめる」調査研究がそこに引きよせられる。地理学者はこれをロケーショナル・コンフリクトの研究にとって[8]、社会学者はレスポンス（都市の社会運動）の研究にとって[9]、政治経済学者は配分・分配過程の研究にとって[10]、最良の尺度だと発見した。

⑶イデオロギーの尺度

これは国家的ないし国民的な尺度であって、人類の大多数はこれに対してかれらの分裂した忠誠を捧げている。都市的尺度についての重要な事実の一つは、それが人びとの経験の焦点であるにもかかわらず、この都市的尺度で自らの忠誠心を宣言しようとするひとは、わずかしかいないということである。ボストン人はアメリカ人なのであり、リヴァプール人はイギリス人なのである。忠誠と誓約は国家によって要請されるのであり、多くの場合それは惜しみなくあたえられる。これは諸社会の国民への統合過程の結果であって、それはドイッチュ、ロッカン、その他多くのひとが描いたとおりである[11]。それを反映して今日では、産業化された諸国で政治が国民的諸政党へと組織されており、その結果しばしば、(たとえばイギリスでは)地方選挙結果はもっぱら国民議会での政党の実績に依存している。

これはイデオロギーの尺度である。われわれはみな、誕生から学校をへて死にいたるまで、この尺度へと社会化されているからである。それは一九一四年には国際社会主義に打ち勝ち、ときに愛国主義やナショナリズムとして、だが多くの場合もっと微妙な形で、大部分の人びとの思想や観念に浸透している。そのなかには社会科学者も含まれ、かれらは素朴な開発主義モデルを描き、イギリスやアメリカが少なからぬ意味で「モデル」になりうると仮定しているようにみえる。さらにまた、公式の政治は本質的に国家機構のコントロールにむけての競争を含んでいるから、その意味するところは、進歩的政治運動が政権についたとき「ナショナル・インタレスト」を考慮することが必要不可欠だと考えるにつれて、この運動はその目的において歪められていったということである[12]。という次第で、およそほとんどの政治行動は国家レベルにチャンネルをあわせており、めったに現実の尺度に到達することはない。

世界資本主義経済に先行する時期

世界資本主義経済はやっと一五〇〇年ごろから存在したのであり、一九世紀後半以降になってようやく全地球を包括するようになった。ウォーラーステインが示すところでは、[13] 世界経済は他の二類型の「実在」――彼のことばではミニシステムと世界帝国――にとって替わった。以下、それら各々を上述の現実、経験、イデオロギーの諸尺度にかかわって考察しよう。

世界帝国は再分配-貢納的生産様式によって定義され、本質的に農民の大規模搾取である。現実のタームでいえば、その尺度は帝国、つまり支配グループによって統制された地表部分である。イデオロギーのタームでは、「国家」宗教や国家的ないし「公用」言語によって表象されているように、その尺度は同じく帝国である。国家と教会が分離されている世界経済とちがって、世界帝国では両者は本来的に統合されており、それゆえイデオロギーは帝国的ひろがりをもち、宗教は明らかに支配階級のヒエラルキーを反映している。これと別個に存在する唯一の尺度は経験のそれであり、これは帝国内のほとんどの人びとにとっては、ふつう村や領地であろう。帝国的尺度で作用する諸力の気まぐれのもと、「日常の」生活がおこなわれるのはこの尺度においてである。

時間次元でも空間次元でもごく制限されたミニシステムの場合には、ただ一つの尺度しか存在しない。生産様式は互酬的-血縁的であり、物質的基礎はその集団のなわばりによって規定されている。それはまた集団の経験の尺度をも表している。その手の実在にあっては、イデオロギーはほとんど何の重要性ももたない。公式の搾取が存在しないので、イデオロギーの発展など不必要だからである。わずかにアニミズムがイデオロギーを代表しているが、このアニミズムはなわばり内の地方的資源を祭り上げ、こうして推測するに、搾取の発展のなかで利用される基礎を形成しえたのであった。

要約すればこう言えよう。ミニシステムから世界経済への進展は、第一に世界帝国における現実・イデオロギーと経験の分離を、第二に世界経済における現実とイデオロギーの分離を内包するものであった、と。ここから、現実の尺度とイデオロギーの尺度の分離が、世界経済の鍵をなす自己確証的特徴として確認される。それゆえに、世界経済の成長と一致する国民の形成過程は、いかにしてわれわれはわれわれが今日あるところにあるのかを理解するにさいして、決定的に有益だということが示唆される。

吟味

世界経済論的アプローチを用いているが全世界尺度より小さなところで遂行されている諸研究は、一般にその説明体系のうちに二つの要素を合体してきた。第一にこれら諸研究は、対外要因を世界経済との連結点とみて、一定の状況を説明するのに「対外」要因を優先させている。第二にそれらは、地方的階級構造と世界経済との間の相互関係を探しもとめている。すなわち、世界経済への合体は各種階級にいかなる機会をあたえるか、といった問いである。一例をあげればフランク[14]は、諸階級の世界経済との関係によって、第三世界における諸階級の政治的状況を規定している。上来のわれわれの観察はこういった世界経済論的アプローチの利用範囲をこえるものではないが、全世界的《サブグローバル》尺度よりも小さな尺度での研究を全体的なコンテキストのうちに定置することを可能にしてくれる。さしあたり言えるのは、社会学や人文地理学は都市を強調することによって、経験的バイアスをもった社会科学分野として成長し、他方、経済学や政治学はマクロおよび国家の尺度を重要視することによって、世界経済においてより多くイデオロギー的役割をもつものとして自己を確認しているということである。

最後に、世界経済論的アプローチはたんなる学術的フレームワークではないから、これは行動へのバイアスがかかったものとしても見なければならない。地理的尺度の議論は、われわれの現実の真の革命的変化に対する主要障害を浮き立たせてくれる。文字どおり国家とそのイデオロギーは、われわれが急進化したいと願っている人びとの経験と、人びとを搾取し破壊する世界経済の現実との間に立っている。第一のターゲットは明らかである。

（山田鋭夫訳）

註

（1）Park（1915）.
（2）たとえば Dahl（1961）.
（3）たとえば Berry & Horton（1970）.
（4）Cox（1973）.
（5）Coates, Johnston & Knox（1977）および Smith（1979）.
（6）Cox（1979）.
（7）Wallerstein（1979）.
（8）たとえば Wolpert（1970）.
（9）Castells（1978）.

(10) Gordon (1971).
(11) Deutch (1966) および Rokkan (1970).
(12) イギリス労働党については Miliband (1962).
(13) Wallerstein (1976).
(14) Frank (1978).

世界経済の今日的発展

――世界的規模での労働力再生産と資本蓄積――

＊

フォルカー・フレーベル

第二次大戦後の二〇年に、資本主義世界経済《ワールド・エコノミー》は史上最高の好景気を経験した。この好景気は一九六〇年代とともに終わりを告げた。それ以来、世界経済は、成長が減速し、構造変化が強まり、政治的にますます不安定化している局面にある。

本稿ではまず、このような発展を示す指標をいくつかとりあげる。われわれがここで逐一検討していきたいと思っているのは、好景気の数十年の政治的・経済的な蓄積モデルに特徴的な内在的発展傾向であり、いまやその蓄積モデルのいっそうの拡張を浸食している傾向である。しかしその一方、多少なりとも比較可能でオルタナティブな蓄積モデルへの移行や、その蓄積モデルの政治的定着を示す明瞭な指標も存在しない。

分析の焦点は蓄積の一般的な趨勢や傾向にある。だから、「地域的」で特殊な環境を通じてこうした趨勢や傾向が具体化し、変形し、超越していくという問題については、さらに分析が必要となるだろう。

一　世界経済の構造転換

1　何が転換したのか――転換の諸指標

多くの指標から明らかなのは、資本主義の発展において、一九六〇年代末から一九七〇年代初頭に終わる一〇年とその後の一〇年との間には、きわめて鋭い対照があるということであり、資本主義世界経済はその発展の上での転換点を再度通過したということである。この転換点以降の主要な指標には次のものがある。

市場経済全体とりわけ工業諸国で、経済全般の成長率が劇的に下落したということ。

工業諸国の工場では設備稼働率が低落しているか比較的低位にあるということ。

工業諸国の工場設備に対する投資が激減ないし停滞しているということ（「投資ギャップ」）。

工業諸国で能力拡張のための投資が減少ないし相対的に比重低下していると同時に、補填投資や合理化投資が増大ないし相対的に比重増加していること。

国際分業の構造変化。製造業の場合、従来と同じように、ある工業国から他の工業国へと生産が移転したり（合衆国-西ヨーロッパ）、もしくは工業諸国内部で生産が移転したり（伝統的な工業中心地域-低開発地域）するだけでなく、工業諸国から発展途上国や中央計画経済諸国へと生産が移転することがだんだん多くなってきている。また、農業の場合、発展途上国で「非伝統的」な世界市場向け生産が採用されるようになっている（たとえば、果物、野菜、花、大豆、食肉）。サービス部門の場合、たとえば観光業を通じて発展途上国がますます統合されつつある。

多数の発展途上国と中央計画経済国で新型の生産設備と生産立地が急速に拡大しているということ。自由生産地区や輸出向けエンクレーブや他の立地において世界市場向け（半）製品を作る世界市場工場には、(国内の保護市場だけでなく)世界市場での競争力をもつ生産構造が備わっているが、その一つひとつはバラバラで、貿易の変動を非常に受けやすく、根本的には国内経済や現地社会に寄生している。

産業諸部門における「構造的危機」。伝統的な立地で作られる製品の国際競争力を脅かしているのは、新しい立地(発展途上国と中央計画経済諸国で増えてきている)で作られる低価格の製品である。合成繊維、織物や衣服、皮革や履物、製鋼、造船、時計、光学、機械・電気機械機器産業といった諸セクションで様々な例を見ることができる。

景気循環が国際的に同時に生ずるようになってきた——たとえば一九七四—七五年の景気後退は第二次大戦以来初の全般的な景気後退であった——ということ。各国の景気対策は、各国の景気循環が国際的には同時に生じないという性質にもとづいてなされてきたのであるが、右のことのため、各国の有効な景気対策の可能性がそこなわれている。世界的な経済環境が変化したことを考慮しても、世界的規模での経済的な政策協調の試み(たとえば「世界経済サミット」)はまだそんなに成功していないから、資本主義の経済危機を回避できる経済政策の可能性があるというネオ・ケインジアンの楽観論は動揺をきたし、再生しえなかったのである。

平均インフレ率の上昇。

ブレトン・ウッズ合意の崩壊は、合衆国の世界的な経済的ヘゲモニーが衰退したことの象徴である。

いわゆる石油危機以後に世界的所得は抜本的に再分配されたが、これはたとえば世界の貿易構造が変化したこと、国際収支問題を抱えこむ発展途上国が増大したことからも明らかである。

公式に容認されたり促進されたりするカルテルが増加しつつある。これは経済危機を通じて生じてきたものである。

「衰弱」した部門や企業への公的補助金。その目的は、工業諸国での保護主義的傾向と合わせて「必要な構造的調整」の歩調を弱め、その社会的効果を最小限にとどめることである。

工業諸国で相対的に高い水準にまで失業が増えていること、ないしは高どまりしていること。

求職側と求人側の間の熟練構造がますますアンバランスになっており、結果として「構造的」ないし「摩擦的」な失業が増えていること。

工業諸国においては社会福祉事業の適用範囲を改善したり拡大したりするのでなく、すでに存在する福祉事業が「整理」されている。つまり、その適用範囲が制限され、全体として支給は減少している。

工業諸国では実質所得、職務、勤務条件の維持をめぐる雇用者と労働者との闘争がますます激しくなっている。

多くの発展途上国では、資本主義的な労働力の搾取や超過搾取が再編成され、強化され、拡大している。

立法、操作、抑圧のために国家装置が強化されていること。それは、民族運動、愛国運動、反帝国主義運動、反資本主義運動、フェミニズム運動、エコロジー運動の復活・成長を予防するため、あるいはこれと歩調を合わせる形で強化されてきた。

一連のこうした指標はさらに拡大していきそうである。あらゆる指標から確実にいえるのは、資本主義世界経済の発展における転換点が一九六〇年代末から一九七〇年代初頭にかけて存在したということである。(1) ここで重要なのは、どれか一つの指標のもつ意味ではなく、この中心的な論点にすべての指標が合致するという事実である。こうした指標の多くが正当か否かを実証できそうにないわけではないが、いくつかの指標（織物・衣服産業における構造変化、西ドイツ製造業の工場の移転、自由貿易地区、世界市場工場、世界工業製品、そして世界貿易）のいっそう詳しい研究は別のところで行っているから、(2) ここであらためて証明を行うようなことはせずにおこう。

2　世界分業の構造転換

一般の経済学用語で、つまり個々の指標の観点よりも高いレベルのところから、この転換点をいかに特徴づけるかという問題に戻ると、先述の証拠の多様で包括的な性質から次のことがわかる。すなわちこの転換点は、多くの論者たちの見方とは逆に、個々の部門（たとえば、衣服産業や電気機械機器産業の諸セクション）の構造転換、個々の国（西ドイツのような）の産業国際化のキャッチアップ、または石油価格の上昇効果、といったようなどちらかというとマージナルないし偶発的な現象をこえた事柄を表している、ということである。

事実、右で列挙した指標が表しているのは、戦後の好景気の終焉（これは資本主義史上最大の好景気であった）と、世界経済の成長の明瞭な減速局面の始まりである。そして、これと同時に、多年にわたり安定を続けてきた資本主義世界経済の多くの構造的特質が変容したのである。

こうした変容のうちで最も重要なものの一つに国際分業の構造転換がある。たとえば、以前――とくに好景気のころ――と顕著な対照をなしていることだが、近年、発展途上国における工業製品生産の急速な進展が観察されうる。しかもその製品は、世界市場で競争力をもっている。[3] この一〇年間、膨大な潜在労働力を有するセクションを発展途上国の現地で利用し、世界市場指向の製造業における資本主義的生産に用いることが次第に増えてきた。輸出向けとか、時には控え目な「輸入代替」製造業――これは従来、現地の資本主義生産における直接雇用を特徴づけていた――向けとかいった、たんに農鉱業原料生産のためにだけ労働力が用いられることは、もはやなくなってきた。[4] 長い期間をかけて、資本主義的生産が少数の工業諸国のうち二、三の中心国に集中してくると同時に、それぞれの国の物的生産と労働力再生産の社会的諸条件（労働立法、投資法、家族政策、社会福祉など）が均質化してきた。こうして、それにかわって、資本主義的生産が伝統的な工業諸国の国境を越え、かつての周辺部へと分散していく動きが生じた。この過程に付随しているのは、物的生産と労働力再生産の社会的諸条件がますます多様化しているということ、すなわち物的生産と再生産が国際的に分散し社会的に多様化しているということなのである。

資本主義世界経済の今日的発展がもつこうした特殊な側面をわれわれが強調するのには、二つの理由がある。第一に、物事をごく表面的にしか捉えられない人にとってもその特殊性は明白であるはずだからであり、第二に、資本主義的成長の減速局面における、そういったパターンの地理的分散や社会的な多様化には、資本主義の歴史において顕著な類例がいくつかあるからである。この歴史的類例としては、とりわけ、産業革命以前にヨーロッパには（地域間市場だけでなく世界市場をも標的とした）特殊な型の農村工業商品生産が存在したということ、また、一九世紀末の二五年間にいくつかの西ヨーロッパ諸国と合衆国で産業資本が発展した過程を通じて「世界の工場」という地位からイギリスが脱落したことをあげることができる。当然のことだが、こうした特殊な側面から出発し今日の資本主義的発展を説明しようとするモデルは、現代の発展にみられる他の特徴的な側面も説明できなければならない。

3 単一要素還元論の限界

現在の資本主義世界経済の発展に対して現代的なアプローチを試みているものの多くは、とりたてて説得力があるわけではない。このことはとくに、表面的に見られる変化に答えを見出そうとして発展してきた単一要素還元論 *single-factor explanations* に当てはまる。例をあげてみよう。ブレトン・ウッズ合意が崩壊し自由変動相場制に切りかわり、合衆国の世界経済での優位と政治的ヘゲモニーが浸食され、工業諸国において「過度」だとか言われている労働コストの上昇がおこり、大量の投資が拡張よりはむしろ合理化に向けられる一方で、投資が不足し、いわゆる基礎技術革新が欠如しているとか言われていること――これらはすべていくつかの変化の兆候をきわめて正確に浮き彫りにしている。しかしながら、それらはみな根本的な説明能力をもたないという点では変らないのである。

一九六〇年代末と一九七〇年代初頭から一九七四―七五年の景気後退までの、蓄積に関する世界的な議論を気づくかぎりで追ってみると、一九七三―七四年の「石油危機」とその直接の結果（世界的な有効需要が特定の地域やセクターにかたより一時的に下落したこと、価格と需要構造が変化したため一時はそれに生産構造を適合させにくくなったこと等）を説明の基礎におこうとする試みもある。前述の指標に表れた諸事件と諸変化——とくに成長率の諸変化——が実際生じた年代からみれば、そういった説明の試みが満足のいくものではないことは明らかである。「石油・エネルギー危機」とは別の独立した理由で世界的蓄積がとにかく鈍化した局面において、「石油・エネルギー危機」（それ自体が安価な石油を原動力にした、未曾有の二〇年にわたる資本主義的成長の結果である）はたしかに多数の困難を増幅させた。けれどもその「危機」はまた、（おそらくは他のセクターを犠牲にして）エネルギー経済全体における価格体系の改善に対して、歓迎されなくもない貢献をなした。エネルギー政策をとっているように見せかけておきながら、資本に対する所得再分配を推進したような国も多かったのである。

他の研究が目的としているのは、産業諸部門の「移転可能性」を経験的に決定することである。たとえば、従業員一人当たりの訓練費として投資された物的資本ならびに金額と、特定の諸部門における工業諸国の国際競争力との間に、相関関係が成立する（キールの世界経済研究所が追求しているアプローチはこれである）。あるいは、企業に応用された調査技術を用いて生産移転計画のためにあらかじめ選ばれた多くの動機の適切さを測る（たとえばミュンヘンのＩＦＯ研究所）。そういった研究は問題になっている現象を叙述するための第一段階ではあるけれども、原因となりうる決定因として認められ考えられている要因の数がかぎられている。一例をあげれば製造過程を一連の副次的な作業へと分解することが果たす中心的な役割を看過している。政治的諸要因（「投資環境」）は、できるかぎり無視するか、疑似客観的な公式化に向かうことによってわからなくなってしまうか、どちらかである。移転の動機は独立変数として示され、資本蓄積がくだす命令がいくつか結合した結果だとは分析されないのである。

4 従来の開発理論の限界

これらの不適切で部分的な分析（それにもかかわらず、世界経済の構造変化には説明を要するものがいくつかあると認めているが）ではなく、むしろ従来の開発理論の枠組み内での説明の試み（たとえば、経済成長段階論、近代化論、従属理論など）の方が、より包括的な説明のパースペクティブを与えている。

しかしながら、もはや議論の余地なく明らかなのは、経済成長段階論や近代化論は資本主義の初期局面の分析に失敗したということである。それらの理論には、近代工業社会さらには「脱工業化社会」になる途上で、あらゆる社会や国家が段階を異にしつつ必然的に通り、またこれから通っていく明白な発展経路が存在するという基本的な考え方がある。しかしこうした考え方は、いわゆる「発展途上諸国」（「低開発」）の発展の本質的相違は、じつは中枢的ないし世界的な蓄積過程へこれらの国々が従属的に統合される、その関数なのだという考え方を排除してしまう。発展経路にどんな選択肢があるのかも考察せずに、国際分業構造におこる諸変化や「近代化」が始まる際の諸変化を説明して、そういった変化はただたんに付随的で外生的な諸要因の結果にすぎないとするのである。

従属理論は経済成長段階論と近代化論を批判することから生まれた。正確には、「開発と低開発」という両極からなる統一が資本主義の基本的要素なのだと強調し、それを論証してもいる。しかしながら、付言すれば、「開発と低開発」の統一は何よりもまず工業諸国と発展途上諸国とが相互補完的に発展していくことに関連しているという政治的に重要な考え方も従属理論には含まれている。従属理論はさらに、この二重性は資本主義の世界的発展コースにおいて——それがどんなに「高度になっても」——不断に再生産される不可避の運命なのだ、ということを絶対的な見解として前提している。資本主義によって決定される世界的分業は低開発従属国の従属を不断に(再-)生産している。従属国は、第一に、中心国の利益となるよう構造的に資源を移転しており(移民、「頭脳流出」、労働量の不等価交換、エネルギー、タンパク質、公害など)、第二に、さらに重要なことだが、ありえたかもしれない自律的発展 autonomous development を構造的に歪めてしまった。事実、どんな国でもいったんこの周辺的な地位を割り当てられてしまうと、資本主義世界システムに統合され続けるかぎり、これからもその地位にとどまり続けるということさえほのめかす始末である。

(世界資本主義の枠組みの中で)発展途上国は不可避的・永続的に周縁化 marginalization していく運命にあるという結論は、理論的にも実証的にも問題となるであろう。以下で見るように、資本主義世界システムの中で予見できる諸傾向に従い、いくつかの現存する発展途上国がそれに対応した蓄積モデルもともないつつ産業資本主義社会に変容していく可能性はもはやありえない、といって簡単に片づけることはできないのだ。

5　世界的規模における資本蓄積の理論

われわれはここで、現代の資本主義世界経済の発展を解釈し説明しようとした現代の諸理論を完全に論評できるとも、それらの批判を始めるための完全に適切な基礎を示せるとも思っていない。それらの理論に対して、われわれは基本的に消極的なスタンスをとっている。このスタンスの意図するところは、疑い深い読者に世界的規模での蓄積の理論（より正確には、世界的規模における資本蓄積の長期的不均等発展の理論）の必要性をすすんで認めさせることにある。たとえこの理論が多くの断片からなっており、いまだにその統一を課題としているにしても、である。

この五〇〇年にわたる世界史は世界的規模での資本蓄積の命令に従ったり反抗したりする闘争によって支配されている。この闘争は、すでに生産された剰余生産物の領用のみならず、それと同じくらい剰余生産物の大きさや生産と再生産の一般的条件といった問題をめぐってなされてきた。資本蓄積とその担い手とを一体化する傾向を通じて歴史的に受け継がれてきた生活形態と労働形態の複合体は、生産的活動（つまり剰余価値と最大利潤を生む活動）という目的に不断に従属させられ変容させられてきた。他方、それと同時に、伝統的な諸形態を資本の手から救い出す闘争や、資本が志向するもの（使用価値よりむしろ交換価値の効率的な生産、精神労働と肉体労働との分離、「余暇」や再生産行動を含む生活全体の支配）とは別の道筋にそって社会的発展を進めようとする闘争が存在する。蓄積をめぐる闘争のこのようなパースペクティブを資本主義発展の原動力と理解すれば、資本主義の歴史的発展のうちにおける多くの重要な契機を識別することができる。その契機は以下で列挙されるが、歴史的あるいは論理的な説明はどれも充分でないことをあらかじめ断っておきたい。

剰余生産物の生産と領用のための基本装置として特殊な世界分業が発展するということ。つまり、生産的階級の抵抗や協力の能力や意思への依存性、諸地域における世界資本主義的過程の構成諸要素に対する、各種の労働の搾取形態の組み合わせ。この過程で産業資本主義的な賃労働は、労働生産性の上昇、労働者階級の政治的束縛、時には大量消費の上昇に見かけの上ではおおいに寄与する可能性をもっており、支配的な役割を果たす(「不均等」発展)。

諸集団、諸階層、諸階級が資本の専制に抵抗したり協力したりする能力や意思。例はいくつかある。非資本主義的階層が自分たちの経済的・社会的秩序の解体に抵抗すること、または逆に、その事態にすすんで順応すること。資本主義的生産の中心部における「旧い」組織された労働力が、資本主義的システムの基盤に対して闘争を挑んだりせずに、自分の「社会的パートナー」と「社会的協定」を締結する傾向。産業資本主義が始まる局面において存在するものであれ、もっと最近の差別に苦しめられている諸集団(少数民族、若年層、女性等々)の場合のことであれ、「新しい」賃労働階級と「社会的にマージナルな諸集団」が資本からできるかぎり自立した再生産の形態を実行に移す自己組織化。

価値増殖に対する部門間競争、および同一部門内の企業間競争は、最良の労働者を求める(賃金)競争という形態で、そして/あるいは生産性上昇という形態で、戦いぬかれた。そこから次のような結果が生まれた。つまり、資本の集中と集積、国境を越えた巨大な多国籍企業の成長――これは時には全部門を独占し国家全体を支配する——、またいくつかの商品生産部門における農業および工業的な家族経営企業による一見説明不可能な抵抗などである。

多様な形態の資本主義国家が興隆し没落したが、それらは様々な形で蓄積の前提条件を創出し維持するものである（この前提条件とは、一般的諸条件とともに労働力の再生産も指している。前者には、私的所有の保証、労働者階級の自己組織化の妨害、時代によって変化することのある蓄積モデルの制度化、それに対応して必要とされる私的資本主義生産に対する特殊なサービスの提供といったようなものが含まれる）。この過程から一方に自由主義的なブルジョア国家が、他方には植民地経営の諸形態が生まれてきた。あるいは、一方で（再生産領域が高度に商業化した高賃金の）社会民主主義的福祉国家が生まれ、他方では（労働力再生産のための非資本主義的な補助機構をもった低賃金の）発展途上国の強圧的な独裁制が生まれた。両者は、資本主義発展の特殊な局面において様々な領域が果たすことができるしまた事実果たさねばならない諸機能や、地域的もしくは国民的な階級闘争内部での力関係に、左右されるのである。

資本主義世界システムにおけるヘゲモニーをめぐって経済先進国間でなされる、帝国主義戦争を含んだ闘争。この闘争を通じて世界的規模での資本蓄積モデル——これと対応した世界分業を含む——をある国に押しつけることが可能になる。そのモデルとは支配階級の利害に最適なモデルであるが、おそらくは労働者階級の若干の部分にとっても外見上受け入れ可能なものであろう（オランダ、イギリス、合衆国）。

蓄積過程の要求に従属することに反対して従属国とその住民が抵抗を行うこと。その要求は少数の国、その地域代表、受益者によって支配されている。

そういった諸契機の産物及び結合として、蓄積の短期的・中期的・長期的循環、その変動と趨勢、そして危機（「不均等」発展）。

これらの契機すべてがどのように特殊に結びついており、蓄積をめぐる闘争を様々に表現しているかを示すのは、世界的規模での蓄積の理論の課題である。この理論は生まれたばかりでようやく明確な形をとり始めたところであるが、以下ではこれを多少なりとも一貫した形で述べてみたい。

二　世界的規模における資本蓄積

6　労働力再生産の三形態

資本蓄積は様々な形態の物的生産とそれに対応した労働力再生産形態のうちで起こる。最初に、資本はこれらの様々な形態を、まずあるがままの形態で用いるのが普通であり、のちになってはじめて自らの特殊な要求に見合うよう、できるかぎり完全にそれらを適合させるのである。もちろん資本の要求には当該国民が抵抗するか協力するかによって限界が設定されているのであるが。

以下では、資本がつくり出した使用法とともにそういった典型的な形態を三つとりあげてみよう。

A　貢納の義務も市場とのリンクもない、「原始的」な種族や氏族の自給自足経済

こうした構造は生産と再生産の自給自足的な単位となっているのが普通である。生計維持に必要な部分をこえるどんな剰余も、祝祭日に「不生産的に」消費されてしまうか、あるいは土地の生産性が許すかぎり、その剰余は人口成長へと向けられてしまい、したがっていかなる潜在的支配階級の支配も存在しない。進歩主義からの批判の対象となっていること（「田舎生活の無知蒙昧さ」「めずらしくもない卑俗さ」等々）はさておき、こうした「原始的」自給自足経済は、剰余生産に関する新旧の熱狂的主導者たちからも容赦ない評決を受けざるをえない。資本に関するかぎり、経済の自給自足のせいでその経済はまったく役に立たないものとなっている。しかしながら、そうした自給自足経済の「文明化」や「近代化」の日は結局やってくる。それらの経済は、滅びたり散り散りになったりして、その結果、蓄積が妨げられることなく進行したり、またもっと都合のよい場合には、蓄積に積極的に貢献するよう再編される。皆殺しや奴隷化、土地の没収、年貢の取り立て、また使節・貿易商・開発計画・移民労働者（かれらは現金で税金を払う必要から移民をせざるを得ないのであるが）による商品生産的な市場経済への強制的あるいは平和的な統合などは、資本が用いる文明化の方法のうちほんのいくつかを示しているにすぎない。

B　貢納の義務をもち市場とリンクしており、より大きなコミュニティの内に含まれる（小農経済のような）家族制経済

家族（世帯）は生産や再生産の自給自足的な単位ではないから、規則的に剰余生産物を生産し引き渡さざるをえない。加えて、より大きな社会的単位のために追加の新規労働力を生産したり供給したりする場所として、もしくは一時的に過剰となったりもはや働けなくなったりした労働者を吸収したり面倒をみたりする場所として、家族（世帯）が弾力的な労働力の貯水池となっていることが多いのである。ここではたくさんの変数を区別することができる。たとえば、封建的ないし貢納的な生産様式においては、生計手段（主として土地）は支配階級や国家に対して労働や現物や貨幣の形で年貢を払う見返りとして、人格的隷属関係にある小農家族の自由処分に委ねられている。ただしその権利はいつでも廃止されることがある。剰余生産物は貿易を通じて資本の循環に入ることができる。封建領主や国家の適当な強制力と結びついた対外需要の生起によって、「再版農奴制」へと至ることもあるが、その制度の下では家族は高い労働地代と引きかえに一画の土地を所有してかろうじて生計を維持できる状態におかれる。もう一つの変数は、自ら生産手段を所有し形式的には独立して営まれる農業ないし工業的な家族企業を通じての、非資本主義的商品生産である。そうした家族企業は、長時間にわたる労働日、高い労働強度、家族全員の労働への包摂、（ある場合には）家族の一員ではない労働者に対する低い報酬によって、そして最後に商業的利潤を得ようなどという考えを捨て去ることによって、はじめて生き残れることが多いのである。機械や化学肥料を買わざるを得なくなればなるほど、また生産や生産性を上昇させるために（たとえばブルジョア的農業改革に由来する貨幣債務を払うためや、寄生商人の干渉や産業資本主義セクターの生む競争によって起こる生産物価格の下落を埋め合わせるために、またインセンティブを与えることによって潜在的な移民労働者を維持するために）特化の導入が進めば進むほど、それだけいっそう家族から剰余生産物を収奪するメカニズムは強化され増大していくし、高い費用をかけて生産や収穫が増加してもその費用を埋め合わせられなくなる危険はそれだけ増大する。多くの場合、そうした家族企業はすでに事実上は資本という外的世界が支配する条件に従っているけれども、家族的生産手段（主として土地）の喪失がかれらの自律性を最終的かつ正式に譲り渡すきっかけとなるのである。

C　プロレタリア的核家族の中での労働力再生産をともなう、物的生産における産業資本主義的賃労働

上述のA、B二つの形態とは対照的に、「賃金奴隷制」システムの特徴は、固有の奴隷制経済と同様、生産領域と再生産領域を広く分離することにある（しかしながら、賃金関係は、現代の蓄積の必要からすれば、やはり奴隷制経済よりはずっと効率的である）。その最も極端な形態では、家族はたんに最低限の労働力再生産（子育て、労働力の肉体的再生）を行うにすぎない。このような事態が起こるかどうかの決め手となるのは、第一に資本主義的蓄積の要請であり、第二に公的な家族政策（つまり人口政策および「マンパワー」政策）である。こういった労働の負担は圧倒的に女性に課されている。さらにまた、その最も極端な形態では、労働力再生産に必要な財やサービス（食糧、耐久消費財、衣服、住居、交通、教育、託児所、病院、養老院、レジャー商品）の生産を含む物的生産は、できるかぎり非資本主義的な自給生産の領域（たとえば家族）から引き離されており、直接的にであれ間接的にであれ（国家を通じて）産業資本主義の支配下におかれている。しかしながら、産業資本主義的賃労働とプロレタリア核家族との間でなされる分業はフレキシブルなものであり、普通はこうした最も極端な形態に限定されるものではない。

歴史的経験が示してきたように、資本によって適合させられ結びつけられた生産と再生産の多くの形

態の中から、たとえ量的には一番大きく広がったわけではないとしても、後者（C）が、長期的には、資本の世界化過程において最もダイナミックで支配的な役割を果たしてきた。では、なぜそうなったのだろうか？

資本の価値増殖に関しては、（a）非資本主義的な生活様式や労働様式を搾取し、必要とあらばそれにとって代わる手段として、また（b）利潤や超過利潤を資本間競争において生む手段として、生産諸力が発展することに資本主義内で高い社会的プレミアが付く。容易に支配でき、地域的可動性を備えており、職業上フレキシブルで、勤勉な労働力が利用可能かどうか、つまり産業資本主義的賃労働とプロレタリア核家族との間にある関連を通じて一見最も効果的に満たされる一条件が利用可能かどうか――これが生産力の発展の一要因となることは明らかであろう。経済的な必要性、ヒエラルキー状の権威構造、また（時には）物質的なインセンティブが意味しているのは、とくに労働供給が過剰で労働組合が弱いところでは、自由な賃労働者がほとんど無制限なまでに自己の労働力を使い果たすことを強制されたり誘導されたりするということである。加えて、状況次第では、労働者階級の特権的な部分は、尖鋭さを失った階級意識の一形式（「改良主義」）を発達させうる。かれらには基本的な階級矛盾の認識が欠けている（つまり「資本家と労働者の階級利害は異なっていることがあるが必ずしも対立はしていない」とみる）ので、そのシステムを永続させることに体系的な関心をもつことになる。同時に、そうした諸力の配置もまた剰余生産物の増加を生むのである（そうしたパイ全体の成長が労働者階級のもっと大きな取り分を保証することになる）。さらに、産業資本主義では、生産手段の集積によって機械や工場制度が導入できるようになり、「西側」生まれの科学技術の体系的な適用やいわゆる「科学的管理」

も可能となったのであるが、それらすべては、いったん労働者が生産手段や労働用具の所有権を剥奪されると、かれらから生産過程に対する支配権を奪う手段となったのであり、さらなる労働強度や労働生産性をかれらに強制する手段となったのである。これとは対照的に他の生産様式では、剰余労働はふつう経済外的強制の関数である。そこでは、高い――多くの場合法外な――費用を払って直接生産者の消極的な抵抗をものともしない場合にのみ、そういった剰余労働が維持できるのである。

さらに、資本は人間らしい温かみに対する必要を、家父長制支配の防波堤としての家族の存続とともも開発しうるのであって、こうして子供を育てるメカニズム、望ましいイデオロギー的価値観や植えつけられた規律（「文明」）、労働力の生理的・感情的な回復――今までのところ安さと効率において無敵である――を生みだしたのである。加えて、家族はまた、労働力の貯水池として働き、また工場労働と広範な失業（既婚女性の労働参加率が中期的に大きく変動することに見られる）との間の緩衝装置として働くのである。

産業資本主義的賃労働とプロレタリア核家族との結びつきにもまた、剰余価値の実現に有利な側面が多数ある。その結びつきに従えば、必要とあらば労働力再生産のための手段を、また状況によっては必要をこえる欲求を満たすための手段を、あまねく商品化しほぼ際限なく増やしていけるのである。このために資本は、全般的な蓄積条件から必要なときには、不払家事労働の割合の増加へと再度切りかえる可能性を完全に失うことなく、国内市場を大幅に拡大することができるのである（これは、法律的にも経済的にも同権の男女パートナーがゆるやかに結びついた家族と著しい対照をなしている）。

7 世界分業の成立と展開

この五〇〇年にわたる資本主義の発展は、特殊に産業資本主義的な生産および再生産の形態と、資本蓄積過程に利用される他の生産および再生産の形態との間で、分業形態が変化してきた歴史であった。こうした分業形態はそれ自体が蓄積をめぐる闘争によって特徴づけられている。とくに、世界的規模での蓄積過程における一つの重要な契機としての国際分業の歴史の基礎にあるのは、各地域で異なる特殊な社会的背景の発展なのであり、この背景の中であらゆる型の労働力が生まれてくるのである。ロシアで生じた一〇月革命以来人類の三分の一が資本の直接的な支配領域から取り除かれたという事実を別にすれば、国際分業の今までの歴史の最も明らかな産物とは、おそらく工業国と発展途上国との分化であろう。その分化は、資本主義の影響下にある人々が抵抗したり協力したりできる範囲内で、資本が生産および再生産の多様な形態を最適の形で組合せ適応させたことの結果である。その分化は実際、資本が(自然の生産諸力を含む)これらの多様な形態と不安定な状態ではあれ共生し、これらの形態を露骨に略奪し、帝国主義的に運営した結果、生まれてきたのである。工業国と発展途上国との主たる相違は、世界的な蓄積の中で各々に特殊な蓄積モデルのうちに見ることができるし、これと関連して、労働力が補充され再生産される特殊な様式のうちに見ることができるのである。

世界分業――それは資本主義として頂点に達し、そして/あるいは資本主義が生んだともいえる――の、何よりも合理的かつ明瞭に描きうる形態は、権力の分散したヨーロッパ封建社会という主体が危機を克服しようと試みて生みだしたものである。危機の形態は各地域で異なってはいるけれども、それが生ずるそもその源泉は、周期的な過剰人口とともに地代と生産性が下落していく傾向にあったといえよう。各地域で様々な抵抗に直面しながらも相互に競争して、この主体は本質的にはまだ封建的な方法で地理的に商品生産を拡大・拡張しようとした。しかしながら、ここからほとんど不可避的に生じてきたのは、世界的規模で進展する資本主義の発展過程の基礎を確立しうる諸要素を解き放つという事態であった。この過程の主要な契機には次の事柄が含まれている。つまり、地理的拡大、主として略奪や独占に依拠する「旧」植民地体制の確立、奢侈品やいくつかの原料の遠隔地貿易だけでなく大規模信用の組織化を基礎とした後期封建社会という気孔のうちで商業資本や金融資本が展開したこと、地中海諸国や大部分の中央ヨーロッパの経済的没落が始まったこと、それと相補的にオランダとイギリスが勃興したこと、東欧の「再版農奴制」を基礎にした輸出指向型穀物生産などがそれである。しかしながら、後の発展にとって最も決定的な要因は、農業を商業化し、土地を譲渡可能な私有財産に転形し、そして西ヨーロッパのいくつかの地域で農村人口をプロレタリア化することに向けて第一歩を踏み出したことだった。

原始的で初期的な蓄積／搾取および土地の商業化を通じて、独立の生計維持的な農業生産の基盤が解体したことは、西ヨーロッパ産業資本主義の数世紀にわたる長期的準備局面への序曲をなしていた。この局面の特徴は、嫌がって反抗する労働力を資本が包摂しようと試みることにある。これらの生産者も小農家族経済とギルドへの依存という封建的な諸関係に当初結びつけられ、様々な程度の生活不安に左右されてはいたが、資本の直接的侵入からは守られていた。資本、つまり後期封建社会内で発展できる限界点（「一七世紀の危機」）にあった商業資本と金融資本は、大衆消費財の貿易および生産の発展を、地域間市場またとりわけ世界市場向けへと制度的に改革していかざるを得なかった。こうした財を十分吸収できるのはそういった市場だけであったからである。ギルドつまり工業的な商品生産にとっての伝統的な制度的背景は、資本の命令に抵抗し従属を拒んでいたが、これを打ち破るために、資本は分散した農村工業を統合し発展させるという手段に訴えなければならなかった。農村人口がどんどんプロレタリア化していくにつれて、こうした農村工業は農村生活の物質的基礎になっていったし、おそらく土地生産力のパターンに変化を生じさせたであろう。まさにその本質上、分散的な農村工業からは労働生産性の決定的な上昇は生じなかった。その結果、生産の増大は、ただ国内向け工業生産を行う地域を拡大すること（「外延的蓄積」）によってのみ、可能となったのであった。このことはまた、「旧」植民地体制から「新」植民地体制への移行と対応していたが、その特徴は、労働力の意識的管理と結びついている農鉱業原料生産に転換し（たとえば、アフリカ奴隷の輸入にもとづく西インド諸島の砂糖プランテーションがあげられるが、それは大西洋三角貿易の一つの環を形成していた）、直接的な力か市場の力かのどちらかを通じて、植民地の商業もしくは工業の自律的発展を抑圧することにあった。この時期はまた、出現しつつあった資本主義世界システムの中の、ヘゲモニー権力をめぐって戦いながら、イギリスがオランダに徐々にとってかわっていく時期でもあった。イギリス革命の勝利や強化は、世界資本主義の発展可能性が政治的に承認され、もはや取り消せないほどゆるぎないものとなったことを意味していた。

直接的生産者のプロレタリア化や物的生産の商業化が十分に進んだ結果、成長する国内市場が創出され、世界市場で財を販売できる可能性がかなり増大し、資本主義的生産にほぼ無条件的な支援を与える国家が生まれ、イギリス産業革命という形で制度的革新をいっそう押し進めることが可能となった。このことが創出したいくつかの前提にもとづいて、結局、今日では労働力の実質的な包摂が可能となっている。産業資本主義的で自由な労働力に支配を及ぼす特徴的な関係が、工場制度のもとで登場すると同時に、生産性を上げるための方法が、資本の価値増殖と生産拡大のための特徴的な手段となった。しかも、他の形態の(外延的)商品生産が、資本主義的生産に必要な補完物として機能するのをやめることはなかった(「内包的蓄積」)。極端に長い労働日のために、産出高が低落しているだけではなく、組織された労働者階級の圧力が増大しているという事実に資本が気づいたので、いくつかの有効な法的制限が絶対的剰余価値の生産に課されることとなった。このことが逆に、相対的剰余価値を生産するための生産力の発展に拍車をかけたのであるが、この発展は、労働強度の増大と資本による労働支配の増加とたいていは結びついていた。

ヨーロッパにおけるいわゆる大不況(一八七三—九六年)の局面から生じた結果の中には、ヨーロッパやその他の地域に新たな産業資本主義的社会が出現し、イギリスが文句なくヘゲモニーを握っていた時代が終焉し、資本の海外輸出が急速に拡大し、船舶と鉄道の(それらと関連したインフラストラクチャーをともなった)結合という世界的なネットワークが広がり、最後に、ヨーロッパでの蓄積によって「過剰」となった大量の移民の波が大西洋を渡ったことなどが含まれる。「白人」定住植民地の発展は移民を吸収する役割を果たし、「広大な未開地」——つまり土着住民の「鎮圧」と実質的な排除——を前提としていた。農業生産物のヨーロッパへの輸入増加によって、ヨーロッパの農業危機という犠牲のもとで労働力の価値が下がり、同時にその一方で実質賃金はゆるやかに上昇し始めた。日本にはヨーロッパと同じく封建的な過去があったが、資本主義からある主要な要素を確固たる意志をもって採用することが、資本主義の脅威に対抗する生き残り策の本質となった。発展途上国が、中枢国《メトロポリタン》の蓄積の補完的な道具の地位に格下げされる過程は、ついに完成したのである。

あらゆる工業国が経験したのは、特殊資本主義的な生産様式が相対的に高い段階まで包括的に発展することであり、それとともに資本‐賃労働関係と労働者階級の組織化も発展することである。これは裏返せば他の生産様式の解体が進んだということを意味していたし、事実こうした解体をともなったのである。もっとも状況次第では、この過程で他の生産様式が維持され変形され、また再生することにもなったのだが。たとえば、他の生産様式の中には、生起してくる資本主義的様式にとりわけ反発したようなものがあったかもしれないし、(小作農や職人による家族経営企業のように)政治的安定を確保するために意識的に保持されたものもあったかもしれない。あるいは、そうした生活様式にともなう生活および労働の特定のパターンを保持しようとする試みが資本の価値増殖を補完したとすれば、その生産様式は執行延期を認められたかもしれない。もっともそれらの生産様式は、最終的には、効率の増大や産業資本主義的な生産に対して犠牲となってしまうのであるが(多くの場所での農村工業、手織り機職人、スウェット・ショップなどはその例である)。労働者自身はプロレタリア的な核家族の中で育ち、資本に使われるのに備えているのが普通よくみられたし、女性はといえば、家庭の中では賃金不払いで主婦‐母という二重の役割を果たし、家庭の外にある資本主義的生産においては、ひどい搾取にあう賃労働者なのであった。

8　プロレタリアートの政治的敗北

工業国や発展途上国における非資本主義的生産様式の解体によって安価な労働力が解放された。その労働力を随時吸収する必要性を放棄することなく、資本は、その労働力供給の基礎をますます自律的に規制できるようになった。産業循環を通じて産業予備軍が枯渇しても、また個々バラバラになった労働力を統括する権力を資本にかわって労働者が過度に統制するようになっても、必要とされる労働者数を減らし、かれらを雇う費用を下げることを意図した機械化や「合理化」のような手段によって、こうした事態に資本はうまく対処できたのである。

世界経済の好況局面が始まる年を一つひとつとってみると、不況とゆるやかな再編の局面に続いて、資本主義的生産の中心部における労働者階級の政治的な中立化に資本が成功した年に対応することがわかる。「上からの階級闘争」を通じてか、もっと発展した条件下では資本と労働者階級との「社会的協定」という折衝——そこでは、資本主義的な経済・社会システムの基礎的条件《ファンダメンタルズ》は問題とされない——を通じてか、どちらにせよこの政治的中立化は労働者階級の完全な敗北の形態をとってきた。

一七九三年　イギリスにおける保守反動は工場と家内工業の両方で労働者が一時的に「生産の騒音によって聾になっている」のを見た。フランスでは、労働者階級のつまづきの石となったものには、最低生活水準の保障に対する要求、労働者の団結権に反対する法制（ル・シャプリ法)、小農の利益に対する封建的義務の破棄、労働者の最も重要な潜在的同盟である政治的闘争からの逃避などが含まれている。

一八四八年　民主主義的革命の敗北によって、「共産主義の亡霊」の魔よけの儀式は完成した。その「亡霊」は、一八四八年以前にヨーロッパ中を徘徊し、資本主義が根を下ろす前に資本主義を滅ぼすと恐れられていたのである。

一八九六年　集積と集中によって個別資本間の競争が減少し、それゆえ労働者階級から資本を守る措置は、ある程度とりのぞかれることになった。実質賃金のゆるやかな上昇によって、西欧の労働者階級の中には資本主義システムとの和解の方向へと向かい始めた部分もあった。

一九四八年　産業資本主義的発展の初期局面の特徴は、利潤最大化を求めて労働コストをできるだけ低く抑えておくために、個別資本のみならず総資本がもったほとんど無制限な衝動にあった。この政策の結果として、大衆の不十分な購買力のゆえに規則的に生じる実現恐慌が起こった。一九二〇年代や三〇年代にはそうした恐慌は資本主義の存在そのものを脅威にさらしさえしたのである。資本主義史上最も深刻なこの経済的・政治的危機が、戦時経済、高失業、世界経済恐慌によって、あるいは「経済民主主義」「節制」(大量の人口を犠牲にした)「労働組合の責任」という障害物によっていったん終わったので、資本主義システムに以前から存在する恐るべき欠陥を避けることを狙って計画的に大量消費を増大させ、工業国における新たな社会的パートナーシップのモデルを発展させた。加えて、「旧い」労働者階級の組織化された中核を経済的に満足させ政治的に統合することを通じて、社会主義国とのイデオロギー的競争が行われた。

9　プロレタリアートの馴化

一九四八年以後の未曾有の戦後好景気を支えた蓄積モデルはアメリカのヘゲモニーの産物であった。戦後まもなく、工業国は生産性上昇とリンクした賃金上昇という政策を追求した。その政策によって、国民所得に占める賃金の総割合が「高すぎもなく低すぎもなく」なり（ジオバニ・アリギ）、そのおかげで価値増殖の危機というスキュラ〔Scylla〕も価値実現の危機というカリブディス〔Charybdis〕もともに回避できた。(5) 賃金上昇はまた「能率給」を意味した。これにもとづき、政治的に望ましい「大志を抱く」メンタリティーを促進するために賃金格差を維持したり広げたりしたのである。「社会的パートナー」間での「社会協定」にもとづき大量消費が拡大した、すなわち欲求――労働力の社会的再生産に必要な欲求やその必要以上の欲求――の循環が拡大したが、しかしながらその欲求はともども、ただ商品形態（これはシステムの全面的な要求に対応していたし、労働組合の要求にもますます対応するようになっていた）によって満たされるにすぎないのだから、一見無制限な拡大能力をもつ国内市場が創出されるに至った（ここには、その産業部門自身による価値増殖の利益を求めて形成され育成され、急成長した「レジャー市場」などが含まれている）。このことは逆に、資本主義的工業化の持続的な過程ないしはある意味で自己永続的ですらある過程にとって、本質的な前提条件となった。もちろん、こういった大量消費が拡大するのは、「所与の」状況（女性による不払い家事労働を含む）のもとでは、伝統的な工業国の「賃金バスケット」の成長が概して、労働力再生産にとって必要以上のものを含んでいるからである。工業国の今日の状況では、十二分な食事、高価な賃貸住宅や持家、耐久消費財、自動車、長期教育、長期休暇、社会保険等々への支出がなされており、これらは一方で「社会契約」の結果であり、それゆえ理論上は必要な再生産費よりむしろ生産性上昇と結びつけられている。しかし、右に列挙した事柄は、実際かなりのところまで、労働者にとって必要な経費の一部になっている。というのは、かれらが良質で地域間の移動が可能である労働力たることを望まれ、激しく精神的ストレスのたまる労働に従事せざるをえないからである。個々の労働者に関していえば、物質的にも精神的にも非商品形態で必要を満たす機会が減少するにつれて、こうした必要を満たすために貨幣形態での支出を行わずにおくことは、いっそう難しくなってきている。

こうして、特殊資本主義的な生産様式と他の生産および再生産形態との間の特殊な連関によって——とくに国内労働に関しては第二次大戦以後のそれ相応の国家活動と結合した形で——自律的で「内在的」な資本と労働力の拡大再生産という過程が、技術的および経済的に可能となったように見えたのである。このタイプの再生産は、第三世界（ここでは狭義の地理的意味で理解されている）からの一時的なまたは永続的な移転にシステムとしては依存していない。実際は、移民労働者（ガストアルバイター）を含むそういった移転は継続するかもしれないが。

強固に組織化された「旧い」労働者階級の中核にとってとりわけ、このモデルが魅力的に見えたのは、大量の所得増加（たとえそれが、再生産領域の資本化がすすみ、余暇市場が増大した必然的な結果にすぎないとしても）、完全雇用への傾向、「福祉国家」の拡大などのためであった。「これこそわれらが国家だ！　つぶしてはならない！」というわけである。これの政治的な表現が、工業国の改良主義的労働者政党（社会民主主義的福祉国家）のヘゲモニーであった。改良主義的政策によっていっそうの進歩が可能だという約束と引きかえに、またさらに大きな貨幣報酬と引きかえに、労働者階級が受け入れたのは、工場でも事務所でも仕事をしている時にはもちろん、家族の間でも、また学校でも、余暇の間も、効率に対するいっそうの外的規制と圧力が目に見えて増大していく（早期退職、麻薬依存症などの増大と比較せよ）という事態であった。

しかしながら組織化された労働者階級と異なり、資本は状況の変化から必要とあれば原則としてこのモデルを放棄するであろう。

一九四〇年代末に始まった長期の「自生的な」autocentric蓄積の加速・増大によって、一九六〇年代の中頃には、大半の資本主義的工業国で産業予備軍の規模がはっきり縮小するようになった（これは婉曲語法で「完全雇用」として知られている）。一方では小規模農業が解体し、女性の労働参加率が上昇し、「自然的」・政治的限界まで外国人労働力を強制的に追加することによって、また他方ではサービス・セクターが拡大し、労働時間が減少し、同様のその他の手段を用いることによって、産業予備軍の減少という状態は修正された。資本主義の歴史においては典型的と呼べなくもない事態だが、そういった状況下では、投資額の一時的減少をともなった合理化投資の割合の増大（一九七〇年以来の「投資ギャップ」！）は、利用可能な労働力供給とその供給期間を、価値増殖の要請に見合った水準と形態に従わせるための、試験済みの古典的な（しかも唯一といえる）方法だったのである。

しかしながら今度は、国内投資を一時期減少させ合理化に向ける割合を高める、こういった方法しか資本はとれなかったというのではない――というのは、幸運なことに、いわば蓄積のために労働者階級を方向づけ規律づける手段として大量失業を創出しようとすれば、「福祉国家」においては以前よりももっと大きなイデオロギー的なカモフラージュが必要となるからである。今度は、資本は、第三世界への生産の部分的移転をいっそう推進する「客観的な」原因に依存することができた（この原因は資本や国家の規制や影響の外にたぶん位置しているであろうし、それが効果的でさえある）。生産の部分的移転が望ましく緊急に必要でさえあったばかりでなく、同時に実行可能でもあったのはなぜかということを説明するために、まさしくここで、われわれは発展途上国の歴史を想起せねばならない。

10 発展途上国の歴史――その従属メカニズム

今日の発展途上国が歴史的に継承してきた社会構造は、西ヨーロッパの後期封建制／初期資本制に組み込まれた拡大志向の侵略行為に対峙したとき、無防備であるか、ついには打ち負かされるものであるか、どちらかであることがわかった。（高い水準のこともあるが）ほとんど停滞した生産諸力と、「鉄砲と船舶」（砲術と船舶操縦技術）のような戦略的に重要で価値のある領域で生じた急速な発展の刺激とは著しい対照をなしており、それは決定的でないにしても重要な役割を果たした。発展途上国は、封建制の維持や資本主義の発展にとって望ましく必要な補足物として自らに割り当てられた役割を受け入れた。つまり（奴隷から現代の移民労働者まで様々だが）安価な労働力の貯水池として、工業製品市場として（ここから、あからさまな力か――もっと文明化された形態では――市場の隠れた力かのどちらかによって、現地の生産者は排除された）、（短期的には）代替不可能なあるいはたいへん安価な原料の供給者として、公害産業の立地提供者として、その役割を受け入れたのである。

中枢国の需要の変化や世界的規模での蓄積に対して発展途上国がこのように従属的に包摂されていることが、第三世界の特殊資本主義的な生産様式の発展、とりわけこの発展の遅々とした歩みの、基本的な決定因である。しかもこれは現地側の諸条件と世界的蓄積のメカニズム双方の産物なのである。これらの地域的諸条件の中には、とくに、非資本主義的「諸セクター」とその成員たちが、伝統的な生活様式や労働形態の解体に経済的・社会的・文化的に抵抗することが含まれている。長期にわたりこうした抵抗は、非資本主義的な「諸セクター」の経済的な粘り強さに助けられてきたが、その基礎には労働者の強度の搾取があり、必要ならばそこには生産手段の所有者（かれらは土地所有者として、プチ・ブルジョアとして、他のレベルでは家父長的関係の受益者として、そういった抵抗に大きな利害関係をもっている）による「自己搾取」が含まれる。他方、これらの「諸セクター」を解体するというよりはむしろ、おあつらえむきの状況のもとでそれらにうまく適応して利用することから、当該国の支配階級や資本がたびたび引き出し、今でも引き出している利益こそは、世界的蓄積過程におけるこれら「諸セクター」の存在理由を説明し、それらの保護に向けられた意識的な努力を説明するに十分なものである。

資本が利用する発展途上国の労働力には三つの基本的な形態がある。第一に、資本は産業資本主義的生産において賃労働を直接利用する。第二に、資本は非資本主義的商品生産——原則的に家族制経済——において労働力を利用する。この形態の生産が継続し拡大するかどうかは、工業セクターで生産され資本主義生産へ投入される諸商品を使用しないで、この形態をとろうとする価値増殖の要求にかかっているのである（たとえば、小農農場による南京豆の生産——アグリビジネスによってマーケティングされているが——輸出向け工場や外国小売業者との契約の上家内労働者が行い、またはスウェット・ショップで行われる縫製や刺繍がそれである）。最後に、資本は「再生産労働」を搾取する。つまり直接的に産業資本主義的な生産においてであれ、間接的に可変資本および不変資本の構成要素をなす非資本主義的な商品生産においてであれ、やがて資本によって使われるようになる労働者を育て世話する労働を搾取するのである。

後者の点は敷衍する必要がある。発展途上国の賃金労働者が受けとる賃金は、実際の雇用期間中に毎日労働力を回復させるのに必要な貨幣コストをまかなえるにすぎず、いったん労働者が資本主義セクターの労働によってずっと完全に消耗させられた場合に、新しい世代の養育とか「老人」や病弱者の世話に必要な出費をまかなうことはできない。これらのしわよせはいわゆる「後進」（伝統的とか非公式などと呼ばれる）セクターが引き受けねばならないのだ。資本による実際の雇用期間中に毎日労働力を回復させるのに必要な貨幣コストでさえ、非資本主義セクターの利用によって、工業国をずっと下回る水準にまで低減させられている。つまり、賃労働者の拡大家族が、非資本主義的な生産において作ったちょっとした剰余から実際提供しているしまた提供せざるを得ない不払サービスの形態においてであれ、単純な（非資本主義的）商品生産において作ることによって生活手段を低廉化するといった形態においてであれ、労働力再生産の貨幣コストは低い水準に抑えられているのである。資本にとって重要なのは、労働力の再生産が主として非資本主義的な環境にある場合には、工業諸国の普通の状態と比べて、かなりの程度この非資本主義の部分から援助を与えられており（もっとも工業諸国でもそれは現在でも重要なことなのだが)、その結果として労働力の超過搾取が可能となっている、ということである。そういった援助――高い失業率とか「需給法則」とかでなく――があってはじめて、発展途上国において低賃金が経済的にも社会的にも実現するのである。

これらの低賃金が存在するがゆえに、また現在のところまで特殊資本主義的なセクターが、資本に適応し利用される非資本主義的生産様式というはるかに広範な基礎の上にあって、ごく小さなセクターとして数えられるにすぎないがゆえに、賃金雇用される労働者階級は、概してコスト要因(価値増殖)として理解されてきたが、同時に、工業諸国でのように産業資本主義的生産における需要要因(価値実現)として理解されることはなかった。その結果、発展途上国の資本主義的工業化が持続していく、あるいは永続可能ですらある過程にとって鍵となる、需要要因という前提条件の一つが、存在しないか、少なくとも存在しないように見えるのである。

11　資本の価値増殖の構造的諸条件

工業国や発展途上国で労働力が生まれる様々な社会的背景が獲得する、現在の状態のアウトラインを右のように描けば、今日の資本の価値増殖に対するいくつかの構造的諸条件を一つひとつ分別できる。これらの条件は、一方では、先行する資本主義世界システムの不均等発展の、理論的に予言可能で実証的に確証可能な所産を表しており、他方では、組み合わさって国際分業におけるある種の動向の誘因となりうる諸要因(これは資本によって決定されるものではあるのだが)を表しているのである。

A　世界的規模でほとんど無尽蔵の潜在的労働力の貯水池が生まれ、（産業資本主義諸国の農業、工業、サービス業にいる三億人ほどの労働力と比べて）その構成員は数億人となっている。（非資本主義的生産様式の、徐々に進行するが決して完全ではない分解と解体の結果）この貯水池の大部分は、発展途上国に住んでおり、伝統的工業国の労働力供給に対する補足物か、もしくは中央計画経済――資本はすでに国際下請けによってその扉をたたいている――の追加的な潜在力に対する補足物として必要な場合には、資本が利用する大量の労働力を表している。発展途上国間に存在する具体的な差異にもかかわらず、この貯水池はある共通の特質をもっているのであって、この特質が資本主義的価値増殖の過程でこの貯水池が実際どのように用いられ、用いられる可能性があるのかを決定している。

i　産業資本主義セクターで資本によって支払われる賃金は、（一九七〇年以後では）伝統的工業国における賃金の一〇―二〇％にしかならない。これは、資本が非資本主義生産者たちに下請けに出し間接的に労働コストを支払うところでは、（近代家内工業や換金作物農業などにおけるように）さらに低くなるかもしれない。すでに強調しておいたように、そういった低賃金の可能性は非資本主義的「後進」セクターの存在と切っても切れない関係にある。そのセクターは、新たな労働力の育成地として、また安価な食糧の生産者として、「過剰人員の避難所」として、機能しているのである。

ii　産業資本主義的セクターでは、労働日（労働週、労働年）は、集団的合意や労働立法によって労働時間が制限されている伝統的工業国の場合より、個々の被雇用者にとってはきわだって長いし、「集団労働者」にとっても実質上長くなっている。発展途上国では広範な労働移動があり、夜勤や休日出勤があり、病気・休暇・妊娠・遅刻・欠勤や訓練のために失われる時間は少ないから、労働日を大きく延長し設備稼働率を大いに高めることができる。いわゆる「後進」セクターが資本によって直接利用され、産業資本的セクターと競争せざるを得ない場合はいつでも、この「後進」セクターにおいても同じことができるだけではなく、おそらくそれ以上のことができるであろう。

iii　膨大な求職者からすれば、雇用者には（状況に見合ったフレキシブルな労働立法に支えられている）雇用と解雇の自由が大幅に存している。とくに、このことによって高い労働強度が可能となるが、それは、労働者が以前より急速に「排出」され、やがて新規の労働者によってとりかえられるからである。

iv　多くの場合、利用可能な潜在的労働力の貯水池によって、価値増殖に最適な——つまり年齢・性別・健康状態・熟練度・訓練度に応じた——労働者の選別が可能となる。好ましい集団は一五—二二歳、最高でも二五歳の女性（経営上の用語法における「少女《ガール》」）であって、彼女たちは男性よりは随分低い率の賃金しか手にしない（多くの場合、その低い報酬にもかかわらず、賃金労働はこれらの少女に歓迎すらされている。家父長的形態の搾取に対する代替物として、またそこから一時的に逃れる手段として、歓迎されているわけである）。

v　伝統的な資本主義的諸国の標準からすれば、特殊な職業訓練の水準はたいへん低いのが普通である（一部は発展途上国からの「頭脳流出」のせいである）。例外としてはお針子がいる。彼女らは多くの場所で、資本や国内での商品生産が「伝統的」熟練を求めて目をつけることのある労働者集団をなしている。時間を厳守し、責任感があり、清潔好きで、従順たれというような要求は——ちょっとした口実で即時解雇したり、労働組合活動を禁止したりするような——経済的・経済外的な規律のメカニズムを通じて、教えこまれるのである。長期的には、適切に組織化された教育システムと高失業下における賃労働の「文明化」作用によって、以前にもまして労働力の熟練と訓練を資本の命令に適合させうるようになっているのはまちがいない。

vi　世界市場向けの産業資本主義セクターの生産性は、(労働編成、規律、資本設備等々の組合せの結果である)時間当たりの労働者産出高で表現されるが、その生産性は同様の過程に対する伝統的工業国のレベルにほぼ匹敵し、それにまさる場合もある。この比較は、現に世界市場工場に移転されて今なお稼働している諸過程にもとづいている。したがってここから、同じことが(現地の保護市場に向けられた)「古い」輸入代替型製造業に無条件にあてはまるという結論を出すのは許されないであろう。しかしながら、短期間に訓練を受けた半熟練の労働者を必要とするすべての過程にあっては、場合によっては、比較可能な生産性レベルを得ることができるかもしれない。

B　複雑な労働過程を基本的な諸部分に分解するための労働過程の技術と編成が、ある程度仕上げられた(時にはかなり完成された)おかげで、短期間に訓練を受けた半熟練の労働者は、断片的なルーティン——それが集まって一つの生産過程全体をなす——をほとんど実行できた。「工場内」分業や「技術的」分業として、この分業形態は、地域間分業、国際分業、諸生産様式間分業とは概念的に区別されているようにみえる。だが実際には、それらの分業は現実の価値増殖過程のうちでは相互に不可分である。そうした分解がしばしば機械化や自動化の第一歩ないし前提条件を表しているという事実は別にして、この形態の分業には三つの重要な側面がある。第一に、それによって労働の強度や生産性の増加が可能になるという側面である(アダム・スミス)。第二に、一つひとつのルーティン的作業に最低限必要な熟練をもった労働者——概して、その労働力が豊富でそれゆえ簡単に利用でき、ごく安価である労働者——に、一つひとつの断片的な作業を割り当てることによって、生産コストが安くつくという側面である（チャールズ・バベッジ）。そして第三に、かつて必要だった熟練労働者をもはや不要なものとすることによって、それゆえ「きかん気」の熟練労働者——その熟練ゆえにある程度独占というものが可能であった——に対抗する武器を資本が手中に収めることによって、さらに厳しい労働者管理が可能となる。さらにこの武器は、他の熟練労働者が一時的にどこか他の場所で必要とされるかもしれないという事実によって、効果が損なわれることはない（アンドリュー・ユーア）。

技術および組織面での理論的な可能性から考えれば、生産過程の断片的分割は現在たいへん進行しているので、必要とあらば、概してきわめて複雑な諸過程での個々的作業に対する訓練期間は、多くの場合、数日・数週もしくは数カ月にまで短縮できるほどである（新製品の導入期でさえそうである）。発展途上国の直接的生産過程における労働力の利用が、資本蓄積の具体的命令のもとで可能（かつ必要）であるように見えれば見えるほど、これらの国の労働者がもっている職業上特殊な熟練の一般的な低水準は、それだけいっそう上述の理論的な可能性を実現する諸要因の一つとして働くようになり、また実際、労働組織のテクノロジーや技術をこうした方向に無理矢理すすめるようになるのである。たとえば、いわゆるエレクトロニクス革命によって、自動化が増大する方向へ向け大いなる「進歩」が可能となり、これと同時に、その産業であいかわらず雇用されている労働者に要求される熟練度が低下するかもしれないのである。(6) かつて——あるいは、いうところのかつて——伝統的工業国における技術発展を特徴づけた諸傾向を軽率に拡大適用する分析家や、また現在ではオートメーションへと向かう趨勢を、海外移転に向かう趨勢に対抗し、それどころか逆転させようとする不可避的な「工業国の反応」と見なす分析家は、資本蓄積の命令から出てくるテクノロジーの発展と適用の決定因を喜んで不問に付すであろうことはまちがいない。

C　運輸・通信・データ処理の技術によって、工業生産はますます地理的距離の大小にかかわらず配置され経営されるようになっている（コンテナ、荷物を積んだまま乗り物が船を乗降すること、空輸貨物、テレックス、他のエレクトロニクス装置等々）。これらの諸部門では生産性が平均を上回る伸びをみせた。そうなったのは、他の部門における資本主義的生産の地理的な再配置によって、すなわち当初は伝統的工業諸国内およびそれら諸国間でなされ、今日では（意図せざる結果として？）世界的規模でなされている再分配によって、価値増殖の諸条件がますます改善されていった事態を、まったく正確に反映した結果なのである。

12　新たな世界市場の創出と生産移転

上述の三つの重要ポイントは、資本の価値増殖のための現代的な構造的諸条件における要素や変化を強調するものである。この要素や変化は個々別々にではなく組み合わさって、国際分業の変化をもたらしえた。本質的な質的変化としてわれわれの確定したものが今では量的に十分な比率に達した（後述）とするならば、まったく新しい国際競争関係の進展であれ、現存の諸関係の顕著な拡張や強化であれ、そのいずれかを目にすることができると期待してよいであろう。この際、二つの要因が中心的な重要性をもつ。

第一に、世界的規模での産業予備軍が、労働力の世界市場とともに創出されてきた。資本主義をつねに特徴づけるのは移民労働者であって、かれらは強制されるか自発的に行うかして移民になったけれども、普通は、経済的・社会的・政治的理由からある同じ場所の近くで自分の熟練度に合った仕事を見つけださねばならなかった。これとは対照的に資本主義は、どちらかの場所で価値増殖の一般的な条件に依存しながら、「あちこちで」特殊な熟練を必要とする仕事を生み出すことができる。世界経済の構造的諸条件の配置転換が意味しているのは、現在、伝統的工業諸国の労働者が仕事を求めてかつてないほど競争しなければならないということである。その競争相手になるのは、他の工業諸国出身の労働者だけではない。発展途上国出身の労働者も含まれている。そして、かれらはみな互いに資本によって競い合わされているのである。

第二に、生産地にとっての世界市場は発展している最中にある。そこでは、世界市場指向の製造業を保持するか魅きつけるために、伝統的工業諸国と発展途上国が互いに競争せざるを得ない。多様な機能を果たす国家を資本は利用し必要ともしているのであるが、しかしそうだからといって、必ずしもある特定の国家に資本が依存していることにはならない。

価値増殖のための構造的諸条件におけるこうした変化が意味しているのは、競争力を維持するために、安価で規律ある労働力が存在する土地へと生産を移転するという選択肢を、企業としてはたえず考慮に入れなければならないということである。そこで他の工業国や自国の低開発地域だけではなく、ますます発展途上国へ目が向けられている。企業が投資決定を行う際には、その他の政策の補完物や代替物としてそうした生産移転の可能性を念頭におかねばならないのである。もちろん、伝統的立地における合理化政策は、資本の価値増殖にとって不可欠の手段であったし今でもそうである。しかしながら、合理化を補足するものとして、また合理化に統合されるものとして、生産過程のいくつかの部分を発展途上国に移転する政策が重要性を増しているということは、今や明らかである。

そうした資本主義的生産の世界的規模での再編成に関していえば、次の現象はとりたてて新しいものではない。つまり、部分作業における特殊な生産分割、これらの作業の特定地域への分配、そうした作業のある種の労働力への特殊な割り当てなどの組み合わせによって、支配的な経済政治情勢のもとで資本の最適な価値増殖が確実となるように、生産過程が断片的に分割され、その結果それらがいくつかの地域に分配され特殊な型の労働力に割り当てられるという現象は、新しいものではないのである[7]。新しい点は、この数世紀ではないにしてもこの数十年の資本主義的発展とは対照的に、現在利用可能な生産立地の選択肢の幅が急速に広がっており、同時に質的に変化しているということである。この幅の中には現在、(結局のところ、年齢・性・人種・国籍等々による労働力の細分化をともないながら)工業諸国や一工業国内の諸地域の立地だけでなく、ますます多数の発展途上諸国の立地が含まれるようになっている。これは、産業資本主義的生産向けの労働力が新規に採用される社会的背景が極端に多様化しつつある過程を意味している。

企業の採算の基礎となる資料を詳細に知らずに、また会社の会計簿を一目も見ずに、どんなプロダクト・イノベーションが、また立地・工程・労働力類型のどんな特定のイノベーション複合が、何らかの個別企業に向けられた命令であるのかを正確に言うことは、もちろんできない。どんな労働力が新しい生産立地で利用されるのか、またそれもどんな土地でなのか、ということもまた特定化できない。それらの選択肢は、国内産業からの買入れから自由貿易地区での世界市場工場の建設にいたるまで、幅広い。それにもかかわらず、利用できる情報は質的に適切であり、また時々利用する金融情報の詳細さの点でも適切であるから、そうした試算が可能となるのである。(8)

個別企業に対するこれらの新しい諸条件に対応して、資本主義的生産が世界的規模で再編成されることによって、特別利潤が約束され、また競争メカニズムを通じてこの再編成が一般化していくのであるが、ここから、質的な意味でそうした再編成を行う可能性と現実性が十分に説明できる。たとえば、本稿の一節で列挙した指標の多くは、資本主義的発展の明白な転換点が存在することを示していたが、以上の見方に立てば、一般的趨勢としてではあれ、とりわけ国際分業における諸変化をはっきり説明できるのである。一九六八年から一九七八年の間に世界の工業製品輸出に占める発展途上国のシェアが二倍になったという事実を、発展途上国にある世界市場向け製造業用の立地を確保しようという競争が急増したことの一例として考えればよいだろう。(9)

13　なぜ一九七〇年前後に転換が生じたのか

しかしながら、前述の（10から12にかけて説明した）諸要因はそれら自体をとりあげてみても、それが現象した時期、つまり資本主義的生産の世界的規模での再編成が始まったのが一九六〇年代末葉から一九七〇年代初頭という特殊で意外な時期であったことを十分説明できない。戦後蓄積モデルに内在的な開発主義的傾向に関する先の説明（8と9）と結びつけてはじめて、その現象がなぜその時期に生じたのかを説明できるのだ。

一九六〇年代半ばまでには、未曾有の二〇年間の経済成長の結果、大半の資本主義的工業諸国では産業予備軍の規模がみるみる小さくなり、労働組合の交渉者としての地位は逆にみるみる大きくなった。そうした状況下で、合理化に当てられる投資比率の増大と国内投資の一時的な減少が、それ自体で、利用可能な労働力の供給――およびその供給条件――を価値増殖の要請に合うような水準と形態に従わせるための、政治的に唯一実行可能な手段であったかどうかは、たいへんに疑わしい。しかし、工業諸国で生産性上昇とリンクした賃金上昇が見られた二〇年間に戦後蓄積モデルが作用し、工業諸国と発展途上国の工業平均賃金の間にたいへん大きな差異が生じたために、それほど急速には変化しなかった価値増殖の他の構造的諸条件と結びついて、工業国の製造業やその他の産業の諸部分を発展途上国に移転することが、経済的に実行可能となったことは明らかである。一九六〇年代の末葉から一九七〇年代初頭までに増加してくる諸過程にとって、工業諸国のコスト優位（インフラストラクチャー、労働者の教育と訓練、政治的安定、供給者と消費者の近接等々）では、発展途上国で見られる他の型のコスト優位（低賃金、価値増殖に好ましい他の労働条件、適切な労働生産性、数多くの政府補助金等々）を十分しのぐことができなくなったのである。

言い換えればこういうことである。つまり生産性上昇にリンクした賃金上昇にもとづく社会的パートナーシップのモデルは、長期間にわたって、工業諸国の（だんだんと自生的になってきた）蓄積モデルとして存続できなくなっているが、それは、周りをとりまく社会環境――主として発展途上諸国――に、対して工業諸国がもったんに残存的関係にすぎないと思われるような事柄が、合理化と移転のメカニズムを通じて、このモデルからその作用や自己充足性の重要な前提を奪うのに遅かれ早かれ役立つからなのである。

移転と結合した合理化が、資本の価値増殖の新しい構造的諸条件に対する回答となっており、それが現在、世界的規模での生産の再編成を通じて工業諸国の雇用の低下傾向を生みつつある。

工業諸国の資本主義的生産の競争力が相対的に低下し、「アラブの石油首長たちの手にしたものがもう一度再分配されることはない」ので、工業諸国でまだ雇用されている人びとに対する賃金の伸びはこれからはもはや生産性とリンクされなくなり、賃金の伸びが小さくなって、「経済的に実行可能なこと」によって決定されるようになってしまうだろうと、社会的なパートナーたちは暗黙の内に同意しているのである。

労働者はリストラクチュアリングによって、工業国に残存している職が「ずっと確実なもの」になると信じこまされている。低賃金諸国への生産の移転のおかげで、工場は「最適ミックス」を達成し、それゆえ工業諸国にとどまる生産は安全確実なものになる、というわけである。高賃金国における「防衛的な合理化」や「経済的に可能な」賃金上昇のために、総生産コストの中で賃金コストの占める割合が低下し、競争力や収益性を回復させていく、──つまり「今日の利潤は明日の投資を生み、明後日の雇用を生む」というわけである。(合理化および／あるいは移転のために利潤が投資され続けるかぎり、これは極端に誤った宣伝文句だ)。最後に、エネルギー危機は、大量の(過度に)安価な石油を原動力とした二〇年にわたる空前絶後の経済成長の産物であるが、経済の根本的なリストラクチュアリングを必然的に招き、投資のための新しい分野を開拓しつつある。

しかしながら、こうした期待はいまだ実現するに至っていない。今までの様々なリストラクチュアリングの帰結は、工業国及び世界的規模での有効需要の伸び悩みであった。ところが、工業諸国においては大衆所得の伸びが停滞したのにもかかわらず、（OPECを含む）発展途上国においてはそれに対応した増加が生じるとか何か他の手立てを講じるとかして、その帳尻を合わすことがまだできていないのである。これが、工業諸国で見られる、国内生産物・工業生産・（タイムラグをともなった）対外貿易の成長率の低下傾向の「主要な」原因であるが、この低下傾向は程度は小さいとはいえ発展途上国においても見られる（ここで「主要な」というのは、戦後蓄積モデルを機能させた諸条件の直接的な産物だからである）。

三　新たな蓄積モデルの構想

14　二次的な諸要因の影響

相対的に低い成長率でもって、今後数年間にわたって資本主義的生産が世界的規模で再編成され分散化し続けるだろうと述べることは、とりたてて困難ではない。というのも、近い将来、この発展を支える資本の価値増殖のための構造的諸条件が変わりそうな兆候はまだ見られないからである。

たとえば、諸商品と資本が国際的に自由に動き回れないよう強制する意思と能力をもった明確な政治勢力、それゆえ工業国の生産性と結びついた賃金上昇政策を刷新するための前提として必要な自己充足性を回復できそうな政治勢力は、存在していない。工業諸国の組織化された労働者階級の抵抗があっても、緊縮政策の決定的要素となっている賃金の低下や労働条件の悪化が劇的に生じていると想像することはできない。この抵抗には、相対的に高くかつ上昇傾向にある失業率という形でしっぺ返しがなされているにもかかわらず、である。他方、量的にはまだ重要な非資本主義的生産様式からの援助の水準からいっても、生産立地を求めて世界市場で繰り広げられる発展途上国間の競争の水準からいっても、発展途上国の賃金面や労働条件面での著しい改善などは、結局は起こりえないということがわかる（現在の社会的・経済的構造がつねに不変であると仮定しての話であるが）。工業国でひどい悪化が生じ、発展途上国で著しい改善が見られる場合にのみ、個々の立地間のコスト優位がかなりの影響を受けるであろう。そしてその結果、資本主義的生産の世界的規模での再編成と分散化が前進するかどうかが、疑問に付されるようになるであろう。

それゆえ近い将来、重要な諸要因が作用し始め、われわれが独自に行った予測を改めざるをえなくなるようなことはなさそうである。二次的な諸要因は、こうした過程の事実関係が進展する速度には影響を及ぼすが、そういった事実ないし方向には影響を及ぼさないと思われる。

要するに多数のそういった二次的な諸要因が再編成をまさに招来し加速するのである。この再編成を促進する場合に世界資本がもっている利害の代表者として、世界銀行・国際通貨基金・国連工業開発機構のような国際機構が演じる役割は小さくはない。発展途上国のブルジョアジーは、(これは国内で抵抗にあっても可能であるけれども)自国の人間や自然を搾取する前提を創出し、それによって資本主義的世界市場向けの準工業化をすすめる仲買人となって、自分たちの地域的なヘゲモニーを確保しようとする(必要な手段は多数派の利害にとって有利な別の用途とは関係ない。たとえば対外信用には、地域福祉の促進計画のためにではなく、世界的規模での資本蓄積の利害に役立つために、厳密な諸条件がともなうのが普通である。こうしてその結果として生じる経済的・社会的構造は、将来の何らかの改革政策に対して重くのしかかる抵当となっている)。そういった工業諸国、とりわけ西ドイツにおける政府や利害団体には、対応して生ずる自国経済の構造的変化と合致した技術的指導者としての自らの地位が、自国の国際競争力を維持するのに好ましい諸条件——つまり、旋盤プラント供給、設計図の輸出などによる独占的なレント——を与えるように見える(「ドイツ・モデル」)。これに対応する適切な経済政策は、ホワイトカラーとブルーカラー労働者のうちに広い基盤を見いだす。かれらは地位上昇や昇給の機会があるのを知っており、したがって労働組合の「節度」を主張し、将来のシステムに参加して金銭的な満足——以前ほど大きな満足ではないかもしれないとはいえ——を得ようとし、そして当然とはいえ共働者を犠牲にすることもある。共働者たちは構造的変化・合理化・移転によって「過剰」にされ、そして/あるいは地域的ないし職業間の必要な可動性を備えていないような人たちである。最後に、中央計画経済の国家官僚制でさえ、世界的規模での資本の再編成にこっそり適応し、自国の現状を安定化させることを望んでおり、この発展に入念に選択的かつ穏やかに包含されることを通じて、できれば(発展途上国に比して）相対的に強い自分たちの地位からなにがしかの利潤を引き出すことを望んでいる（たとえば、技術やノウハウの移転を含む「三者間協力」や産業協力協定を通じて提出されたプロジェクトをみよ）。

その他の二次的な諸要因が再編成を抑制しその速度を低下させる。その諸要因としては、資本主義的生産の幅広い前提――つまり労働規律や熟練、インフラストラクチャー、効果的な行政など、またとりわけ「好ましい投資環境」や「政治的安定」のような前提――を、発展途上国の、（自由生産地区のような）二、三の特権的な立地以外のところでいわば瞬間的に創出する困難性があげられる。たとえば、無規制の構造変化からでてくる過度の社会的混乱をターゲットとした保護主義的な手段に対しては、工業諸国の組織労働者の抵抗が向けられる。工業国で両大戦間期に比肩しうる規模での大量失業を政治的に起こすことはできないのである。もはや資本主義的成長は将来的に達成されていく社会的戦略としては考えられないことがはっきりしてきたので、多数の人々が先行きに関する深い不安感をもつようになった。

15 将来のシナリオ

資本主義的生産が世界的規模での再編成と分散化に向かう一般的傾向が近い将来においてさらに進展するならば、どんな影響が生ずると考えればよいのだろうか？

発展途上国に関するかぎり、一つのことはすぐに明らかとなる。発展途上国の世界市場向け生産においてこの一〇―一五年のうちに創出された仕事の数から考えれば、支配的な賃金や条件がどんなものであっても、発展途上国の失業や半失業を全体的にも部分的にも減らせる可能性が、この過程のうちにないことははっきりしている。それとは逆に、工業国の総雇用に比した場合、工業国でのこうした合理化と移転が結合した過程において生じた失業は量的には決して無視できない。この過程が重要な役割を果たした「新国際経済秩序」によっても、工業諸国と発展途上国の大多数の人びとがおかれている物質的な状態の現在の大きな不均衡は、縮小することはないだろう。

しかしながら、製造業(他の点ではアグリビジネスや観光業)の移転可能性があらゆる発展途上国で同程度に現実化するということは、まずありえない。一方の「地域的」で歴史的に説明可能な特異性、他方での移転された生産の地域的な集中にもとづくコスト優位、それら両者によって引き起こされているのは、現在、大多数の世界市場向け工業が少数の発展途上国(香港、シンガポール、台湾、韓国、ブラジル、メキシコといったような、いわゆる工業化突入国ないし新興工業国)に集中しているという事態なのである。工業国の提供する参照基準と比較してみると(もしくは大多数の途上国でその逆がなされているのだが)、非資本主義的な生産および再生産様式による資本の価値増殖への大量援助の可能性は、これらの「工業化突入」国でなくなってしまったか、まもなくなくなってしまうかのどちらかである。この発展にそって工業賃金は必然的に上昇せざるをえなくなる(もしくはすでに上昇してしまっている)が、それは、国内の労働と国外の労働予備軍による貢献を当然考慮しつつ(シンガポールの後背地であるマレーシアをみよ)、全社会的な規模で労働力を再生産することを目的としている。それゆえ資本主義世界システムの枠組みの中で、発展途上国は二つのオルタナティブな発展経路を考えることができる。

第一に、資本の価値増殖に適した構造的諸条件の全体（そこでは重要であるとすれば唯一の要素として賃金水準があらわれる）は、賃金が上昇過程にありおそらくは相対的に高いにもかかわらず、工業生産が競争力をもち続けるような仕方で、発展するであろう（フィリピンとの関係で香港とシンガポールをみよ）。こうしてこれら諸国は漸進的な生産拡大を企図する機会をもつだろう。というのも、これら諸国は、相対的に大きな市場工業諸国に直面し、そことの貿易において確実にシェアを拡大していけるからである。これら諸国は輸入代替工業化をすすめた諸国の場合と対照的である。後者は（一番人口が多い発展途上国とOPEC諸国はおそらく例外として）、周辺資本主義諸国における国内需要がかぎられているせいで、工業拡大に対する諸限界にすぐに突き当たるのである。それゆえ、これらの「工業化突入」国が漸進的に資本化し工業化していけるのは、次のものをうまく埋め合わせることができる場合である。つまり労働力の再生産にかかるコストの増加を埋め合わせ、さらに生産性の上昇、インフラストラクチャーや訓練の改善、産業連関の形成、適切な専門化による製品の品質向上、適切な時期における新生産分野へのシフトなどによって、その他のコストを埋め合わせるのに成功した場合である。これが成功するか否かは、ひとえに市場へのアクセスがあいかわらず妨害されていないという決定的条件に左右され、また初期資本主義的な生活と労働の条件が人口の大半を支配し続けているという条件に左右されているのである。

あるいは第二に、（そしてこのことは「工業化突入」国だけでなくあらゆる発展途上国に当てはまるのだが）、補償的な機構と政策がないので、労働力再生産や賃金のコスト増（政治的安定等々は言うにおよばず）によって資本の価値増殖の諸条件が悪化するであろう。そうした状況下では、いったん決定的な臨界点に到達すると工業資本は他の立地へと流出するか、少なくともそうした特定の立地で拡大するのをやめるであろう。こうした工業の放浪形態は、地球全体にまたがり、とりわけ発展途上諸国間にまたがっている。それは次のような耕作地の移動に比較できるであろう。資本の価値増殖と自然資源の略奪によって土壌が枯渇するや、この土壌は、非資本主義的または社会主義的でさえある生産様式の植物成長力を通じて自己再生するための休閑地として放っておかれ、おそらくは将来の犠牲の役割を引き受けさせられることになる。そのさい、このシステムの生命力を最後まで引き出すことによって、不可逆的に、非資本主義的な生産様式が将来回復しなくなるようなダメージは被らないだろうと——もし必要であれば「自然は成り行きに任せよ！」という格言に従って、皮肉にも飢餓を受け入れつつ——まず実現しそうもない望みを抱くのである。

　以上二つのオルタナティブは少数の「工業化突入」国が資本主義的な意味で工業化する可能性をせいぜい許すにすぎないのだが、加えて第三世界の政治的不安定の増大を忘れてはならない。このことは、より良い未来を約束するものでもある。たとえそれが、最初は一時的な反帝国主義的階級同盟とか、明確な政治路線が欠如した反乱とかの形態で表現されるにすぎないとしても、である。

　中国、キューバ、その他の国で生じた革命からわかったのは、一世代に満たない期間のうちに、発展途上国の住民の物質的貧困を克服する方法が存在するということである。発展途上国にとっては、資本主義世界市場から部分的かつ一時的な離脱をともないつつ、周辺資本主義的な生産と支配の関係をたんに解体するだけで、それ自体が重要な生産力となるということは明らかである。これらの社会主義に移行する社会が（大衆動員という初期局面を通過したならば）、資本主義世界システムから生まれてくる経済的・軍事的脅威やイデオロギー的挑戦に対して、――社会組織とイデオロギーの資本主義的原理をますます用いる必要なしに、生産性を上昇させていくための、今までのところ一見妨げられれることのない潜在力でもって――長期的な防衛をし、またそこから逃れることができるかどうか。それはひとえに将来にかかっている。

伝統的な工業諸国に関しては、資本はこれから数年、二つの主要戦線で経済のリストラクチュアリングを押し進めるであろう。第一はエネルギー節約型の技術である。それは（おそらくはエネルギー生産を多様化し再拡張できるように原子力を強引に使用する時代が過ぎてからの話だろうが）、一九五〇年代や一九六〇年代のエネルギー多消費型の技術にとってかわるであろう。第二は合理化と移転の結合過程の進展である。その主な狙いは、産業資本主義の伝統的中心地へと生産が引き戻されているにもかかわらず、何よりもあらゆる種類の「エレクトロニクス革命」とか「下請け」という名のもとで、「福祉国家」という何かと高くつく構造の外側で、できるだけ多数の労働力を保有することである。労働が解雇される比率は工業国では高いままであろう。解雇された人と新しく用意されているポストの要求との間には開きがあるから、摩擦的失業を防ぐのはたいへん困難である。このことは不可避的に、失業した人に対して深刻な肉体的・精神的ストレスが余分に加えられることを意味するであろう。

こうした発展に最も影響を受けた人びとからは、少なくとも三つの異なる反応が見出すことができる。第一に、技術的に最先端をいく工業国において中核労働者（典型的には、男性で機動力があり大志を抱いていて社会民主党に投票する中年の熟練労働者）は、好景気に特徴的な諸政策（つまり対外的には自由貿易をともなう自由企業制度、対内的には生産性にリンクした賃金上昇）を継続せよと主張する。そこでかれらが期待しているのは、不等価交換によって国際的なヒエラルキーの頂点に位置する国に生じる追加的所得を自分たちのものにして、少なくとも自分自身が属する社会階層の物質的・金銭的な福祉を確保し増大できる、ということである（「ドイツ・モデル」）。第二に、技術的に優位に立つ国の構造変化に一番強い影響をうけている、他の工業国やその諸部門の組織労働者は、自国での合理化と移転の圧力を最小限に抑えるために必要なのは、工業諸国での保護的な手段であり発展途上国の世界市場工業での社会的な改善だ、と言っている。第三に、いわゆる未組織労働者――主として女性、若者、一時的に移民する労働者、すべてのいわゆる「マージナル・グループ」――は、資本からできるだけ自由に発展し、総商品化過程に反抗する生活様式と労働様式の創出を望んでいる。これは不況期には政治的・経済的安定化作用をもたらすかもしれないが、長期的には、資本関係は必要不可欠であるという命題に対してだけではなく、資本関係それ自体に対して危険となることがある。

　国家に委ねられた不安定な選択幅の中で、システムによって課せられる諸必要事――個人の収益性が当座の間なくなるので市場自体はそれをなしえない――に対処するために、国家は構造変化の計画を策定するであろう。そういった必要事とは、主として個々の国の立地で国際競争力を増し、労働力の再生産費用を減らす手段、たとえば大量消費やサービス（大量輸送）の標準化、「フレキシブル」な労働市場政策、家族問題や社会問題に関する政策、技術開発の補助金などである。また、「構造変化の必要性」だけでなく、いうところの「パンク寸前の」公共サービスや社会改革なしでやっていく必要性をも、多数の住民に確信させる試みが重要であろう[10]。この文脈では、石油危機を勃発させた時にアラブの石油首長たちがもっていた悪意に近いものは、資本主義システムの構造的欠陥にとって、ありがたいアリバイを与えてくれたのだ。

最近の報告ではこのことが次のように言い表されている。

> エネルギー危機が一九八〇年代の中心問題としてずっと突出してくるだろう。エネルギー部門を再構築することは絶対的に必要であり、そうすれば、新たな産業革命投資と企業活動の増進、したがって成長への見通しが確固としたものになるであろう。ユートピアを求める議論をする時間は、ついに、そしてとりかえしようもないほど過ぎ去った。いまや行動が必要なのだ。しかしながら、これはまた次のことをも意味している。つまり、消費者向けの政策が多年にわたり続けられた後では、自由企業的手法を用いる構造的再建に必要な大量の融資が利用されるよう、経済政策と金融政策の重点をおきかえねばならない、ということである。われわれの身分不相応の生活は、すでに十分すぎるほど続いている。[11]

この変化が、（危機に敏感になって）大量消費をドラスティックに切りつめてノアの洪水以前的な蓄積様式へ回帰するような形態をとるのか、それとも（国家を媒介とし、ひょっとすると生産移転より生ずる税収から融資をうけて社会的消費の割合が増大しながら）戦後期の大量消費の拡大による蓄積モデルの修正版が再生するような形態をとるのか。それは今のところまだ、個々の工業諸国で政治的に決められる問題ではない。とにかくどちらかの形態をとるであろう。だが、万一世界資本主義システムが自己の再構成に成功するならば、他のオルタナティブなパースペクティブのためには、（準）スタグネーションと構造変化の時期に生じた国際緊張が、前例に反して爆発しないことが望ましい。

（原田太津男訳）

註

＊ 英訳は Pete Burgess による。この論文は一九八〇年二月に執筆され、一九八〇年六月にスターンベルク（西ドイツ）、一九八一年一月にポート・オブ・スペイン（トリニダード）のセミナーで発表された。ドイツ語版論文は“Zur gegenwärtigen Entwicklung der Weltwirtschaft”という題で、*Starnberger Studien*, 4, 1980, pp. 9-88 に発表された。英語版論文は国連大学の内部で、the Project on Goals, Processes, and Indicators of Development（HSDRGPID-36/UNUP-150）というリサーチ・ペーパーとして読まれていたものである。本稿ではこれに少し手を加え、原文にあった付録と一九四八—一九七八年の世界工業生産と世界貿易に関する表を省略し、文献目録を若干追加した。

（1） よく触れられる指標の一つに、一九七〇年代に入ってから多数の工業諸国で平均利潤率が低下したというものがある。しかしながら、ここでこの点について立ち入った考察を加えるのはやめておこう。というのも、よく知られているとおりこの率の信頼できる尺度を手にするのは難しいし、国によって利潤率や利潤水準が変化する時期がまちまちだからである。さらに、のちに示すように、資本の国際的再編成を決定する主要な要因は、利潤の絶対水準にそれほどあるわけではなく、工業国と発展途上国の利潤の格差にこそあるのである（もちろん注目すべきは、多数の大企業にとっては平均利潤率の下落は利潤率の不変はもちろんのことその増加とさえ矛盾しないということである）。

（2） Fröbel, Heinrichs & Kreye（1977）*Starnberger Studien*, 4, 1980, pp. 59-88 を見よ。

（3） 当然のことであるが、だからといって、この過程から、輸入規制、輸入課税、「ローカル・コンテント」条項の厳密な適用、高い輸送費、その他の要因などによって国内市場が保護されている国々では、もはや資本は生産の可能的利益を利用していないとはいえない。新しいことといえば、現在、（保護によるコスト優位の利点を生かし、そのおかげではじめて発展できることが多く、大半が国内市場向けの生産を行っている）国民的工場であると同時に、（保護のない地域市場を含みつつ世界市場向けの生産を行っている）世界市場工場となっているものが、ますます多くなっているということである。典型的な例がフォルクス・ワーゲン社のメキシコ生産である。その生産物の一部は保護された当該国の国内市場で売られ、保護によるコスト優位を利用している（「国民的工場」の側面）。しかしながら、生産は保護によるコスト優位にだけ依拠しているのではない。その企業の生産物は輸出されているのである（たとえばフォルクス・ワーゲンのビートル車はヨーロッパへ、エンジンは合衆国の子会社へ輸出されている）。フォルクス・ワーゲン社のメキシコでの生産が、保護による利益を受けずに世界市場で競争している（つまり、古典的な輸入代替型産業であるにもかかわらず世界市場工場である）という事実の証明となる。結局、フォルクス・ワーゲン社のメキシコでの生産設備は、世界的に統合された生産複合体（西ドイツ、ブラジル、メキシコ、ナイジェリア等々）の一構成要素にすぎない。そしてそこでは、部品の企業内国際フローが重きをなし、近い将来、それに加えて企業間の共同生産協定が結ばれるであろう（ルノー、日産）。これと関連して「世界車」計画を考えよ。Lall（1980）を参照。

（4）工業諸国から発展途上国への生産の移転と工業諸国の企業内での生産の移転が最も有名ではあるが、決してそれがこの過程の受けとる唯一の形態ではない。

（5）Amin（1972, 1977）、Andreff（1976）、Arrighi（1978, 1979）、Boyer（1979）、Elsenhans（1979）、Frank（1978, 1980）、Hobsbawm（1976, 1979）、Hymer（1973）、Le Monde diplomatique（1979）を見よ。

（6）最新例は、ビーレフェルト（西ドイツ）の Kochs Adler AG 社の工場である。当社では最近自動ミシンが開発されたとの発表があった（「古典的な袖のきれこみ――これがたった一つの自動作業で縫ったり折ったりできます」といわれている）。その機械の特徴一〇項目のうち三番目として、「不熟練労働者の訓練に要する時間を大幅に短縮できます」という点があげられていた。Textile Asia（1979, 125）を見よ。

（7） しかしながら、生産過程、立地、労働力のイノベーションはそれぞれ別々に実行されるのでも、一つひとつが最適化されるのでもない。最適化技術の対象となっているのは、むしろ生産過程、立地、労働力のイノベーションの融合した複合体である。結局、よく見られるような政治的な動機にもとづく見方から出発すると過ちを犯すことになる。その見方とは、合理化と移転を切り離して、工業国が強引に合理化を進めると低賃金諸国への移転が行きすぎるという立場を押し進めるような見方である。

（8） たとえば、Fröbel, Heinrichs & Kreye（1977, 174f, 571ff）、あるいは Fröbel, Heinrichs & Kreye（1980, 152, 381f）。Textil-Wirtschaft（1977）。「現地視察」のために東南アジアに出張中の西ドイツの企業家ならびに衣料産業の買い付け人と、筆者が話したところによってもそうであった（一九七八年秋）。

（9） 製造業の再組織化過程のいくつかの側面を研究したものに Fröbel, Heinrichs & Kreye（1977）もしくは Fröbel, Heinrichs & Kreye（1980）、van Klaveren（1976）がある。オランダのチルブルク大学で開催された「産業再調整と国際分業」という調査計画でなされた研究（これには Ben Evers、Gerard de Groot、Willy Wagenmans の仕事が含まれている）、さらに Pacific Research（1978）、AMPO（1977）、Edwards（1979）などもあげられよう。アグリビジネス研究としては、Ernest Feder の著作や論文を見よ。

（10） 西ドイツでは公共サービスの削減が「自己責任の強化」という決まり文句によって流布している。もちろん他の産業資本主義国家でも同じ決まり文句は見られるのだが。

（11） Süddeutsche Zeitung（1980）。また Le Monde diplomatique（1979）にはまったく立場の異なる様々な分析があるから、それも参照されたい。

ヨーロッパの発展と第三世界

――一つの批評――

ディーター・ゼングハース

過去と将来の開発問題

開発のために従来から努力がなされ最近もいくつか発見がなされてきた。そういった背景のもとで開発研究が行われてきた。本稿では、特殊かつ一般的な開発問題の領域を次のような手順で論じていきたいと思う。

1　一九七〇年代の開発理論論争を手がかりに、輸出指向型成長、つまり世界市場への統合にもとづいて開発に成功した諸条件を分析しよう。われわれは、この特殊な問題を議論することから始めるが、それは一九七〇年代の中心的な論争点となったのが、オルタナティブな戦略であり、世界市場への統合対離脱 delinking の問題であったからである。この論争は当時、われわれの「離脱賛成論」(Senghaas, 1977) を創唱する助けとなった（ドイツ語の用語 dissoziation は、名詞は delinking として、形容詞は dissociative として英訳されてきた——編者注）。

2　次に、多くの場合、内的・外的な原因による開発の不成功を助長する要因を分析する。

3　それから、輸出指向型開発の成功例や失敗例を分析して、そこから一般的結論を引きだすことにする。

だが、対外的な経済戦略と開発との結びつきは、一般的な開発問題の一部にすぎない。そこで、さらに関連する問題をあげてみよう。

4　輸出経済の不均等発展に関する発見と一般的な開発問題との間には、どんな結びつきがあるのだろうか？

5　一般的な開発理論のためにどんな結論を引きだすべきであろうか？

6　現在の知識からすれば、最近の開発政策戦略はどのように評価されるべきであろうか？

7　その上で、離脱に対する従来の議論と「自生的な発展」autocentered development（Senghaas, 1977）に対する見通しを再考しよう。

最後に、開発問題の将来に関連した次の問いへと向かうとしよう。

8　第三世界の中で目に見えて増大しつつある相違を考慮すると、将来の世界経済はどのように形成されるのであろうか？　世界経済の構造変化の結果として新たな発展の機会がでてくるのだろうか？

一つひとつを同じようには扱わないが、以下で八つの主題すべてを論じていきたい。

一　世界市場への統合にもとづく発展に成功した諸条件

世界市場への統合を指向する遅延型もしくは「キャッチング・アップ」型の開発戦略に特殊な問題とは、つねに、世界市場から生じてくる成長への刺激を生産的に利用すると同時に、より先進的な経済からの競争圧力に耐えることであった（Senghaas, 1985：13ff.）。この観点からすれば、キャッチング・アップ型開発とは、刺激要因の建設的な利用や有害な外的要因に対する防衛という、これら両者の間でなされるレースなのだ（Röpke, 1982）。歴史的には、低い発展水準にある多くの社会は、世界市場の機会を生産的に利用しえたかその可能性があった先進諸国からの周辺化圧力によって、打ち負かされてきた。しかし、世界市場への統合にもとづき、少なからぬ諸国でキャッチング・アップ型開発が成功してきた。開発問題に関するわれわれの初期の研究では、これらの事例が考慮されていなかった（Senghaas & Menzel, 1976；Senghaas, 1977）。たんに輸出指向型開発のなかで不成功に終わった事例が多数にのぼるという、まさにそれだけの理由で、そうした成功例は、対外的な経済戦略と開発との結びつきを注意深く解釈する場合に、分析上の大きな関心事となるのだ。

われわれは根本的な観察から始めねばならない。一八世紀半ばという早い時期から世界経済で観察されてきたヨーロッパ内外の主導的経済と発展途上国経済との能力格差が拡大してきたが、その格差はさらに拡大し続け、ついに、抵抗不可能な圧力を受けて途上国が周辺部に格下げされる危険がきわめて大きくなるという点にまで到達した。このことはもちろん一般的には正しいが、その危険は、人口と面積の小さい経済の場合に一番大きかったし、今でもそうである。というのも、顕著な例外があるにはあるが、ある国の規模と、その国の経済にとって対外貿易がもつ重要性との間には、体系的な結びつきがありうることが認められているからである。ある国の人口(および面積)が大きくなればなるほど、対外指向は目立たなくなってくるし、逆もまた同様である。つまり、ある国の人口(および面績)が小さくなればなるほど、対外指向は顕著となり、潜在的な周辺化圧力にますますさらされるようになるし、国際経済の先進諸国との競争が始まれば周辺へと押しやられる危険がますます増大する。これとは逆に大国には、大国であるというまさにその規模的理由のゆえに自然にビルト・インされた保護装置が備わっている。それゆえ、世界市場指向型開発戦略の中心問題を検討する際に小国の事例を利用するのは、方法論的にとりわけ有用である。なぜならば、世界市場指向型発展が成功する条件と周辺型開発が生じた条件とを分析しようとするならば、大国よりも小国の事例のほうが適切だし、理念型的な事例と比べればなおさらだからである(Senghaas, 1985 : 95ff.)。

世界市場への統合および/あるいはそこからの離脱の問題は、一九七〇年代の開発論争の中できわめて広範に議論された主題であったが、この問題は、それが小国にかかわるのか大国にかかわるのかに応じてかなりの相違がある。

それでは、世界市場統合という背景のもとで成功したキャッチング・アップ型開発を、どのように説明するのか? 最初にわれわれは、観察可能な開発のシナリオと基礎的な背景や環境条件とをできるかぎり区別せねばならない（Senghaas, 1986：158ff.；Menzel, 1987）。

成功した輸出経済型開発のシナリオの中で重要な出発点をなすのは、次のことである。すなわち、輸出セクターが潜在的にもっていた、経済全体への連関可能性がだんだんと現実化していき、その上にたって、最初は主として輸出生産指向的であった経済において、国内市場全体の可能性が成功裡のうちに徐々に現実化していくことである。輸出セクターの視角からすれば、これは、未加工の食料品および農林鉱業原料の輸出向け生産からこれら原料の産地での加工へと転換する必要がある、ということを意味している。この種の移行は前方連関がだんだんと形成されるという形で進むが、それと同時に適切なインフラストラクチャーや後方連関の創出が必要である。原料のみならず多様なレベルの加工を経た製品が輸出されるならば、現地の輸出産業がつけ加えた付加価値は増大する。エンクレーブ型 enclave-type の二重構造輸出経済から輸出セクターが生じ、だんだんと多様化してくるが、この輸出セクターは、自らが様々な形で統合されている国内経済を幅広く形成するよう刺激を与えることができるのである。それゆえ、当初のエクスクレーブ型 exclave-type に構造化された輸出経済と最終的に一貫性をもつようになる国民経済とを結びつける結節環になるのは、原料生産から製造業への転換であり、このことが輸入代替工業化に漸次与える波状効果（最終需要連関）である。加えて、財政的連関にもとづく国家介入措置によってこの過程を誘導していくことができる。

したがって、輸出セクターの後方・前方・最終需要・財政の諸連関を発展させることによって、国内市場全体に最大限の拡張効果が生まれるはずだし（Hirschman, 1977；Jacobs, 1984）、輸出財バスケットの質的な多様化をいっそう進展させることに貢献できるのだから、国内市場の発展はそれだけで勢いを得るはずである。もし両方に成功すれば、輸出セクターは国内経済にますます統合されていくであろう。このようにして、規模の制約から輸出に重点をおく経済でさえ、統一的な国民経済になることができるのである。開発理論に対する初期のいくつかの貢献（たとえばNurkse, 1953）、とくに「経済成長のステープル理論」（Watkins, 1967；Senghaas, 1985：152ff.）は、そうした事例を念頭においている。

輸出指向型開発に成功した記録をもつ小国が、輸出指向を数十年にわたって維持し鮮明に打ちだしてきたにもかかわらず、じつは、広大で多くの人口を抱え内的な原動力にもとづいて発展するようになってきた大国とじつは同じ内的な側面をもっているのもまた事実である。成功した大国の場合と同じように、経済の漸次的な深化が輸出指向型政策に成功した小国に見られるかもしれない。原料生産が製造業に発展していくだけでなく、あらゆる関連セクター――最初に日常的消費財セクター、最終的には資本財セクターやテクノロジー生産――において、輸入代替工業化も起こってくるのである。ある国が世界市場に占める最適な地位にふさわしいその国独自のテクノロジーが発展することは、輸出指向型原料生産から製造業へと移行するにあたってたいへん重要である。成功するとそうした発展は、当該の輸出経済の漸進的な「成熟過程」という形態をとるのである。

それゆえ、輸出経済の発展ダイナミックスを論じる際には、次の一連の問いが主要な問題となる。当初は対外指向的であった輸出経済は徐々に統合性を獲得していくのだろうか？　輸出サイドがあいかわらず重要性をもちつづけるにもかかわらず、幅広い国内市場の発展が生じてくるのだろうか？　国民経済は輸出経済から発展してくるのだろうか？　このような発展経路を進むことができるという証拠は、スカンジナビア諸国、成功した定住植民地、いくつかの他の発展途上国の発展史のうちにある（Menzel, 1987)。いくつかの例では――オーストラリア、ニュージーランド、カナダ、合衆国といった成功した輸出指向型定住植民地においては――世界市場的統合という旗のもとで、イギリスやドイツ――これら諸国の成長は最初は自力で開始された――のような古典的な「主導的経済」vanguard economies よりもずっと動態的に発展過程が進んでいったのである。この事実も開発理論にとってはわかりきった事柄である。では、それをどうやって説明するのか？

当初から開発理論家は、安価な労働力の「無制限供給」の存在が開発政策にとって有利だと思っていた(Lewis, 1954; 1979)。しかしそういった通念とは逆に、長い間安価な労働の巨大な貯水池が利用されずに外延的な資本蓄積の持続的源泉でしかない場合には、急速で内包的な発展は生じなかった。それどころか、労働力供給が不足し、当初からその生産性と価格が高い場合に、とりわけ活力ある発展が見られたのであった。これらの事実から引きだされる結論は、二重構造が温存され安価な労働力の巨大な貯水池が永続すればするほど、輸出経済にとってのキャッチング・アップ型の発展過程は長期化し、輸出セクターそれ自体や国内経済における潜在的な連関可能性の実現は、緩慢でまとまりを欠いたものとなるということである。競争が存在しているとすれば、まさに対立する条件下ではじめて、蓄積のための革新の強制（資本の補充、効率性の増大、投資の持続的合理化のための技術進歩）が急速に進展する。底無しの安価な労働力貯水池が存在する社会では、この強制は比較的ゆるやかにしか感じられない。それゆえ、外延的成長から内包的成長への移行は発展過程においては遅かれ早かれ不可避なのであって、こうした移行は動態的な発展に対する障害となるのでなく、それ自体が動態化効果をもっている。そうした成長のダイナミックスが移行をひきおこすのが早ければ早いほど、それだけ好ましいわけである。(1)

この手の輸出経済は輸入代替工業化への移行を早急になしとげるだけではなく、投資の合理化に必要な設備の初期的な、そしてしばしば主導的な生産者となったのである。この場合には、工業生産に占める機械機器の割合はたいへん急速に高い水準に達した。このことにもとづいて、輸出経済をとるこれらの国は断片的な工業化という典型的なボトルネックを回避したのであるが、このボトルネックは二重構造——そこでは輸入代替は一般に消費財に限定されている——に起因しており、輸出経済が失敗に終わる場合には実際にどこでも生じたものだったのだ。

それでは、政治的独立国における輸出経済が成功するかしないかを決める基本的原因とは何だろうか？

この問いに答えようとする際には、農産物・農鉱業原料に対する国際需要の大きさ、ならびに様々な財が潜在的にもっている「自然的」連関可能性に、つねに注意を払うべきである（鉄鉱石がもっている潜在的な連関可能性はたとえばバナナよりずっと高い）。しかし、これらの要因は別にしても、輸出経済の成功例と失敗例の比較分析を行う場合には、各ケースの特殊な発展方向を説明するのに開発の政治的戦略や社会構造的条件も考慮に入れねばならない（Senghaas, 1985; Menzel, 1987; Levin, 1960; Smith & Toye, 1979）。

まず、後者の要因を見ていこう。

しっかりした輸出成長によって与えられる、潜在的な発展可能性を最も効果的に生かしていくのは、どんな社会構造なのだろうか？　土地所有のパターンにそれほど不平等が見られず、所得集中の程度も低く、固くむすばれあった自由土地保有の家族規模の諸単位を基盤として成り立っている諸国は、自国に備わったこうした特質こそが真に開発を押し進める基礎となるということに気づいた。土地所有と所得の高い集中が見られる農業社会は、一般的に周辺部エンクレーブ経済となったからである。開発過程にわけても有害な特質としては、集約農業を伴わない場合はいつでも、プランテーション経済や大土地所有経済《ラティフンディオ》、分益小作制、大規模粗放牧畜経済があげられる。

したがって、開発戦略の観点からすれば、重要なのは脱封建化の程度と成功度であり、また農業構造の性格である。この農業構造は、農業構成体（農業の社会的構造）および土地耕作の技術的条件（農業の技術経済的構造）という二つの主要な次元を基準としている。独立した中規模の企業がつくる一つのシステムは、開発に最良の基礎を与えるように思われる。というのも、財や所得の集中だけでなくその正反対物たる小保有地への土地の細分化もまた、発展に対する障害になるからである（Thorbecke, 1980）。細分化された土地の保有や所有によっては、余剰は生み出されえない。農村セクターは、資本不足の状態にあり、大きな余剰を生む農業システムよりも、構造が弱体で後退的な自給自足経済と似かよっている（Clark, 1964；Mundle, 1985）。

鉱物・商業輸出生産の場合には、輸出収入に占める賃金の割合の増加と実質賃金の高水準が、国家の援助をうけたインフラストラクチャーの拡大と結びついて、広大な国内市場の創出のために積極的な意義をもつことがある。こうしたことが生じるのは、輸出セクターでの被雇用者の交渉力が大きくなる場合のことである。その前提は、かれらが政治的に組織化されていること、つまりは労働組合や労働者政党が存在し、労働者の利害を政治的に正当に代表してくれる組織が公認されていることである。

成功した輸出社会の歴史においてもまた、教育と科学の高度な発展水準——言い換えれば熟練と能力の社会的水準——が、戦略的に重要である（Easterlin, 1981 ; Schultz, 1986）。この要因は、あまり資源のない諸国の場合にはとりわけ重要である。しかし、資源が豊富な諸国においてさえ、原料生産や原料輸出から製造業や高度加工財の輸出への移行がようやく認められるのは、その国自体の熟練水準を向上させてからのことなのである。熟練度は、無形資本と考えられているが、それなしにはある経済の適応・改変・製造の能力は限定されてしまう。輸出経済の質的発展は、社会の集団的知識に対する需要増加を生み出す。より高度に発展した経済ですでに見られる知識が用いられねばならない。つまり外国の技術は、その国独自の諸条件に適応させねばならないし、またとりわけ、すでに述べてきたように、その国は、世界市場で最適の地位を占められるよう、独自の技術を発展させねばならないのである。

輸出の成長とそこから生じる余波がかなりの社会的変化を引き起こすことになる。たとえば、都市化率が上昇し、第一次セクターから第二次セクター、第三次セクターへと就業人口が移動し、垂直的かつ水平的な可動性が高まってくるのである（Zapf, 1971）。遅かれ早かれ、社会変化によって社会内部に新たな利害集団が生まれ、新たな種類の利害闘争が起こり、国内の政治権力の配置が決まってくるのである（Deutsch, 1966）。

ある国の潜在的な国内市場をほんとうに効率的に発展させるためには、非輸出指向型の社会的・経済的利害を政治的に組織することが重要な要因となる。輸出の利害関係者は不釣り合いな政治力をもっているのか、また様々な「国内経済関係者」は自分たち自身の力を政治的にもちうるのか。この問題に対する回答次第で、輸出経済が周辺化圧力に耐えられるかどうかが決まってくるのである。(2)

輸出経済は周辺化圧力をどのように避けてきたのだろうか？

周辺化圧力をかわすと同時に輸出機会をうまく利用するための一つの鍵は、輸出経済の「混合型対外貿易指向」のうちにある。輸出経済は、自国の輸出生産物を売却する点では自由貿易政策に従うにもかかわらず、関連産業（消費財、輸出セクター向けの設備、一般的な機械機器産業）における自国の輸入代替工業化を保護する点では（離脱をめざす）選択的保護論者になってきた。結合-離脱をめざすこの種の混合型対外貿易指向はどこでも「自動的」には生じてこなかった。生じたところでは、それは政治闘争の結果であった。つまり輸出指向的であるにもかかわらず国民経済の自立を目指した発展経路に有利な形で決着した妥協の結果なのである（Menzel, 1987）。有害な社会構造をもつ輸出経済においては、この政治闘争は伝統的な寡頭支配層である輸出関係者の勝利に終わるというのが普通であった。政治的な影響力をもった国家官僚支配層の支持がともなってはじめて――もっとも多くの場合そういう要因は存在しなかったのであるが――勃興しつつあった産業ブルジョアジーがうまくことを成就できたのである。

成功した輸出経済は一九七〇年代の開発論争では関心の外側にあった。経済的観点からすれば、その成功の理由は一国の潜在的な連関可能性が徐々に高まってきたからだと解釈できよう。社会学的観点からすれば、とくにその国の農業システムにおいて経済発展に有利な特定の社会的構造的条件が適合している場合においてのみ、成功した理由が考えうる。政治的観点からすれば、開発の方向性をめぐる闘争は初期発展局面では決定的に重要である。

発展に有利なすべての諸条件としては、特定の地域で作る財に対する強い国際需要、脱封建的な社会構造、輸出セクターにおいて――あるいはそれに付随して国内経済において――その国自身の潜在的な連関可能性が高まることによる経済的拡張への刺激、輸出成長の機会を利用しつつも独立した工業化を追求するという利点をもたらすような政治的配置があげられる。そして、こういった有利な諸条件が存在していれば、そこから出てくる結果は、世界市場に統合されているにもかかわらず、ポジティブなフィードバックを備えた自助的な発展過程である。(3) ミュルダールの言葉を借りれば、先に述べた発展の条件と結果のもつ循環的・累積的因果関係を語ることができるし（Myrdal, 1974）、その中に、互いに構図形成的な効果をもっている諸要因の結果を見ることもできよう（Senghaas, 1985：57ff.; Cameron, 1985）。

この種の発展過程は輸出財バスケットの構成とはまったく異なるものになる。最初は輸出成長にはずみをつけた諸財が、後になるとかぎられた役割しか果たさなくなるのである。静態的な比較優位という特徴をもっていた世界市場での地位が、動態的な比較優位という特徴をもち、たえず回復されなければならないものとなってくるのである（Lorenz, 1967；Voigt, 1969；Kindleberger, 1967）。ここで明らかとなってくるのは、輸出経済が勝利し世界貿易で主要なシェアを長期にわたり支配する機会は、特定の諸財に対する国際需要の水準に必ずしも左右されないということである。ある国が供給できる諸財の量と多様性もまた重要なのである。概して世界貿易の輸出シェアは、経済の成熟度によって異なる（Kravis, 1970）。しかしその成熟度は、イノベーションがあってはじめて増大しうるのである。もし輸出経済が国民経済として、また世界貿易におけるパートナーとして生き残っていきたいのなら、その輸出経済は発展して、自らの「自然的」貿易志向をイノベーションに対する広範な志向性へと転換させねばならない（Röpke, 1984）。このような転換には普通かなりの努力が必要とされるが、まさに世界市場で取り引きされる諸財の販売額がかなり大きな収入源となっている場合には、そうした努力がなされないことも多い(4)。

二　自律的だが外部要因によって失敗に終わった発展——従属の問題

この種の開発機会の浪費は、多くのラテンアメリカの定住植民地(わけてもアルゼンチンやウルグアイ)の事例や、主権を有するその他の少数の輸出経済、つまりミャンマーやタイのようなコメの生産国に見ることができる。人によっては東ヨーロッパや南東ヨーロッパの諸地域のことを頭に思い浮かべるかもしれないが、最古のヨーロッパの領土国家たるポルトガルもまたその一例である(Senghaas, 1985 : 95ff.)。

これらの諸国は、また主権国と半植民地的従属との中間に位置している他の諸国もおそらく、当該地域でとれる生産物や他の財に対して国際需要が増えていったために与えられた機会から、まちがいなく利益を得た。これらの諸経済にとって、そうした諸々の機会は成功した輸出経済の機会と何ら異なるところがなかった(Lewis, 1970 ; 1978)。財や需要の規模や世界市場の条件(たとえば適切な交易条件)がまったく比較可能である場合が多かった。輸出経済のあるグループと他のグループの差異はどこにあるのかという問題に答えるためには、様々な国内の構造的諸条件を見なければならない。一般的に、こうした失敗に終わった輸出経済にある農業セクターはかなりの土地集中を示していた。プランテーション経済、大規模土地所有制のラティフンディオ経済、そして分益小作が支配的でなかったところでさえ、輸出経済は購買力と市場組織化のレベルで集中効果を示していた。言い換えれば、商業資本が引き起こした集中が見られたのである。一番よく見られたのは、農業寡頭支配層と商業資本が一体化し、単一の政治権力を形成するという状態であった。

だがしかし、こうした国々ですらも、国民的な開発政策の方向性をめぐって大きな政治的闘争が存在しており、それが噴出して内戦とさほど変わらない論争に化すか、内戦そのものに化すかのどちらかであった。たとえばポルトガルとかスペイン・ポルトガルから独立後のラテンアメリカにおけるように、これらの闘争が終わって農業寡頭支配層と貿易志向の利害関係者が有利になったところではどこでも、国内政策によっていっそうの周辺化過程が強化されたのである。こうして国民的な資本主義的発展過程は周辺部的発展にとってかわったが、この周辺部的発展は中心部と周辺部の典型的な国際的垂直分業に結びついたままであった。この過程をある種の自己植民地化 auto-colonization と表現しても、不正確な歴史解釈だとは言えないだろう。

こうした状況では、産業ブルジョアジーの発展が妨げられたか、少なくとも遅らされた。脆弱な国家機構を農業寡頭支配層、商業資本、そして自らの国際的なパートナーの利害を実現するための道具とするのは簡単だった。潜在的な熟練は手つかずのまま放っておかれた。今日でも、これらの国々の多くでは初歩的な文盲が克服されずにいる。ヨーロッパ中心主義的な文化志向がたいていは社会心理的に主要な意義をもっていた。ヨーロッパは文明の本拠地だと目されていた。その国自体の後背地と下層階級は

「野蛮」であった（日本の文明志向と対比して考えよ！）。このようにしてそういった諸国は、消費財や資本財の分野だけでなく、技術的熟練、経営科学、そして一般的なノウハウの領域でも他の国に地位を譲る破目に陥り、結局自国のアイデンティティそのものを危険にさらすことになったのである。(5)

こうした国々の成長のダイナミックスは、輸出産業と輸入産業との相互作用から生まれた。その際、発展過程にとって本質的な国内消費向けの食料生産産出高の増加に対しては、何の注意も払われていなかった（Lewis, 1954）。しかし、成長のダイナミックスがこの種の国内的な配置を克服する手助けとなるほどに強かったところでは、本質的に断片的な場合が多かったとはいえ、国民的な資本主義的発展への出発点が生みだされた。これらの事例は初期の農業近代化が発展過程に積極的に貢献したということを示しているが、これに注意しておくのは興味深いことでもある。

一六世紀以来のブラジルの輸出ブームの様々な循環に関する最近の研究によると、サンパウロ州におけるコーヒー栽培の一八五〇年以後の拡大は、北東部の砂糖プランテーション、ミナス・ジェラスの金生産、リオ地域のコーヒー生産、アマゾンのゴム生産とは違って、社会構造の点では有利な条件のもとで生じた（Hurtienne, 1984）。ここではコーヒー栽培経済の強い成長ダイナミックスが、インフラストラクチャーが発展し、農業セクターの生産における潜在的な可能性が現実化するのに、明らかに影響を与えた。当初（一八八〇年ごろ）、ブラジルのこの地域が消費財の分野において、また初期的な形態ではあれ生産財の分野においてさえ、工業化を進める出発点となったということと、先の事実とは偶然一致をみたのではない。この背景を所与のものとすると、世界の他の地域において輸出経済が成果を得たり得なかったりした経験と比べて、なぜ工業の中心地——端的に言えば農工業の重心——がサンパウロ

地区でなぜ発展したか、簡単に理解できる。(6)

特定地域の発展がその地域的な境界を越えて発展効果をもつことは多かった(オーストリア＝ハンガリー帝国のボヘミアやモラヴィアの場合がそうであるが、たぶんブラジルにおいても同じであろう)。しかし、他の周辺地域に何の影響ももたらさないことも多かった。ここからはっきりわかるのは、開発政策に関する教訓は構造のちがう諸輸出経済から引き出されるべきだ、ということである。有害な内的構造が統合されず、幅広い近代化の過程が確立されるところではどこでも、顕著で実り多い発展がまさに地域レベルで生じるのだ。(7)

しかしながら、自己植民地化に引き続き起こる周辺部的発展は、きわめてよくある事例だとまではいえない。植民地主義と帝国主義の研究が続けられだんだんと明確になってきたことは、植民地の権力者と現地エリートとの協力が、植民地的で帝国主義的な政策が迅速かつ安あがりに成功する重要な出発点となるということである。しかし、自己植民地化の事例に関する発見を今日の大多数の発展途上国に当てはめるとすれば、それはまったく疑わしいし、軽薄でさえあろう。途上国の大半は政治的主権を失い、それゆえ比較可能な開発政策の選択権は途上国の手にはなかったのである。植民地主義が支配しているかぎりこの状況が広がったし、これらの国々は政治的かつ軍事的に保障された帝国主義の進出の対象となった (Griffen & Gurley, 1985)。政治的な脱植民地化が生じてはじめて、選択権を再度手にできたのである。

こうした「植民地状況」(バランディエ) は植民地史の多くの説明の中で正確に述べられてきたし、従属《デペンデンシア》論や周辺資本主義論の中でもそうである。歴史的な立場からこれらの理論は十分な根拠をもって批判されてきているにもかかわらず（たとえば、von Albertini, 1982；Bairoch, 1980）、先の事実は強調される必要がある。というのも、従属論および周辺資本主義論の両者に反対して、植民地諸国の多数が、ラテンアメリカやスカンジナビアとさえ同じように、自国の発展の運命に対する決定権をもっていたと主張するとしたら、赤子を産湯といっしょに流してしまうに等しいからである。これらの地域は植民地主義と帝国主義の直接的結果としてエンクレーブ経済となったのであって、植民地権力はほとんど例外なく自立的発展 independent development に関心を示さなかった。東アジアの日本の植民地は例外として（Menzel, 1985）、少なくとも食糧セクターが自律的発展 autonomous development の基礎として積極的に建設されたところはどこにもなかった。今日でもよく起ることだが、植民地状況のもとでは、輸出指向のエンクレーブ経済を発展させると正反対の効果が生まれた。その結果、自給自足経済が減退すると同時にエンクレーブが過剰に成長することになったのである。このことが構造的異質性を生みだしたが、古い植民地政策が優先的に行われているがゆえに、その構造的異質性という結果は多くの場合まだ克服されていない。つまり輸入代替工業化を始めると同時に輸出指向工業化を無理やり進めたり、農村セクターを無視して都市のインフラストラクチャーを開発したりしたものだから、克服されていないのである（Lipton, 1977）。

　その結果はかなりよく知られている。その国自体が発展する潜在的な可能性が幅広く存在したにもかかわらず、農業や工業においてただ部分的にのみ近代化がなされたのが普通であって、統一的な社会経済構造を建設するための堅固な基礎は存在しなかった（Senghaas, 1977；1979；1985；Senghaas & Menzel, 1976）。そうして生み出された社会的な兆候が、多くの論者によって描かれてきた。そこにはとくに次の諸点が含まれている。


——自国自身の経済に生産的に人口を統合することがいっそう不可能になってきている。

——多くの場所で、国内の生産物で十分人口を養うことがいっそう不可能になってきている。

——自国自身の資本財を生産したり、外国のノウハウを国内の条件に適応させたりできない。

——人口の成長に対処できなくなっており、このことは目に見える次元では社会-経済的崩壊の結果である。

——国内の状況と関係のある技術進歩を進めたり、伝統的な構造を変化させたりできない。

——内部分裂（構造的異質性）の明白で継続的な過程をとめたり逆転させたりできない。

——住民にまで民主的な権利を広く認めることができない。

——生態系が破壊されている。


こうした状況は長期にわたる植民地支配と帝国主義的侵略の遺物である。しかしながら、政治的独立が早ければ早いほど、この遺物をもちだし開発政策における現在の深刻な失敗の言い訳にすることはできなくなる。脱植民地化の結果独立した国家でその後引き続いてなされる開発政策は、公衆衛生と教育セクターにおいて注目すべき結果を生んだ。しかし経済政策においては、農業と農業関連工業化を推進する方向へ向けてなされるはずの再適応は、長期にわたりなかなか実行されず、結局は起こらなかった。食糧や熱帯産嗜好品や農鉱業原料の輸出指向型生産は継続され、それは時には輸入代替工業化のちょっとした手段によって補足され、この輸入代替工業化には多くの「旧母国」の政治的恩恵が与えられた。しかし、これこそは開発政策の陥りやすい罠であった。実際のところ、この種の方向性をうちだすのは、世界市場向けと国内需要向けに生産を行ったとしても、利用できる資源やすでに発展した生産能力のおかげでその生産の両者が相互矛盾を引き起こすことがないような場合にかぎられるべきだったのだ。(8)

三〇年間の開発で何が達成されてきたのであろうか? 第三世界の発展経路がますます多様化し、地域ごと、国ごと、また——とくに大国の場合——一国の内部においてさえ、発見された事実がますます矛盾するようになるにつれて、この基本的な問いに対して単一の答えを出すのはますます難しくなってきている(Morawetz, 1977)。(9)

全体的なあるいは一人当たりの経済成長はかなりのものであった。たとえば、平均余命はどこでも(およそ六〇歳まで)上昇したし、文盲は減少したし(一九五〇年には三三%の識字率であったが、今日ではまちがいなく六〇%にはなっている)、乳幼児の死亡も減少した。しかし同時に、一般的な統計から明らかとなるこうした著しい進歩を急激な人口増加が相殺してしまったのだ。

しかしながら、過去三〇年にわたる開発の真の問題は、一般的にいえば、経済的生産の果実の極端に不平等な分配と社会福祉の双方を改善することにあった。しかし、ここで第三世界について過度の一般化を行うのは問題である。というのも、大雑把に見積もってみても、第三世界の諸国は様々な成長率と分配構造の点から少なくとも三つのグループに分けられるからである。

A　第一グループの諸国では、一九五〇年から一九七五年の間に一人当たりの平均所得はおよそ三倍になり、この増加は社会全体に広く行き渡った。総計一〇億人（発展途上国の人口の三五％以上）がこのグループに属しており、中国、香港、韓国、シンガポール、台湾、多数のOPEC諸国といった諸国を含んでいた。

B　第二グループには、パキスタン、フィリピン、タイ、トルコ、いくつかのOPEC諸国、そして事実上ラテンアメリカ全体（発展途上国の人口の二五％）が含まれており、成長が徐々に加速してきたが、これらの国は成長の果実の分配が不平等であったり、あるいは多くの場合不平等を拡大しつつある。

C　第三グループでは、低成長とともに、所得上昇分の相対的に不平等な分配が見られる。このグループには南アジアとアフリカの貧国が含まれているが、これは発展途上国の人口の約四〇％に相当する。第三グループまたは第二グループに属する多くの人々は、一九五〇年以来、社会的・経済的状況がほとんど改善されなかった。たしかにこの点は論議されているけれども、かなり多数の人々にとって状況がたんに相対的な意味ではなく実質的に悪化したのも当然である。

こうして発見された事実は、成長と分配の結合に関する徹底的な議論の焦点となったが（Ahluwalia et al., 1979）、その結論は比較的明確な方向性を指し示している。つまり、（発展途上国平均と比べて）かなり公正な分配をともなって高度経済成長を遂げた諸国は、その内包的成長期の出発点から資源と所得の分配が過度に不平等であるというようなことはなかったのであるが、他方、実質的に不均等な分配をともなって急速に成長した国々は、成長期の初期にひどく不平等な分配構造を有していた、ということである。だから、発展の成功とのかかわりでいえば当初の資源と所得の分配が大きな決定因となっているように思われる。こうして、成長と分配の関連を研究すると、所得分配の進展の主要な決定因は、経済の基礎をなす社会構造にあるという結論にたどりつくのである（Adelman, 1980；Griffin, 1983；Elsenhans, 1984；World Bank, 1979）。

こうして今日の第三世界では、ヨーロッパの内外で生じた基本的な歴史過程がくり返されつつある（Senghaas, 1985；Menzel, 1987；Lewis, 1978）。この結論は第三世界の輸出経済に直接当てはまる。輸出経済の中には、異常に急激な成長を遂げつつあるだけではなく、相対的に公正な分配が行われているという特徴をもっているものがある。しかしながら、他の同じように急成長を遂げている輸出経済の対照的な実例が示しているように、成功した発展とは輸出の高い成長率の結果などではない。そうではなくそれは、新しい社会構造にもとづく制度的な発展条件の結果なのであって、構造改革によってもたらされたものなのである。東アジアの現代的発展が広範囲に及ぶ農業改革とともに始まったということは、偶然の一致ではなかろう（Menzel, 1985）。

三　輸出指向型発展経路の比較分析・続論

以上の考察は、さらに立ち入ればずっと明瞭に整理できる。

A　高度工業化社会へと発展した輸出経済は、どんな条件下にあったら周辺部のエンクレーブ経済になりえたのだろうか、また逆に、周辺部のエンクレーブ経済へと陥った輸出経済は、どんな条件下にあったら高度工業化社会になりえたのだろうか？[10]

たとえば、東ヨーロッパと東南ヨーロッパの大部分と同様、フィンランドのような木材輸出国が最近再封建化されたと仮定しよう。そうなれば、ある種の輸出指向型で木材を基礎とした大土地所有《ラティフンディオ》システムによって、フィンランドは周辺部経済へと逆転してしまったかもしれないのだ（Raumoulin, 1985）。それはルーマニア、ハンガリー、ポーランドが周辺部農業輸出国になったのとちょうど同じことである。徹底的な脱封建化が行われなかったら、デンマークはせいぜいエルベ河以東で農業経済の道を進んでいたかもしれないし、他方、「デンマーク的状況」があったなら、ルーマニアは早いうちに高度工業国になったかもしれない。十八世紀にポルトガル寡頭制の改革者たちがほとんど内乱なみになった闘争で登場し勝利を収めていたならば、資源の豊かなベルギーや資源の乏しいスイスのように早いうちに工業国になれたかもしれない。だが結局なぜそうはならなかったのだろうか？　ニュージーランドとオーストラリアでは一八九〇年代に採択された重要な政治的決定によって、経済的な支配者である大土地所有者から政治的権力が剝奪された。もしこの決定がなかったとしたら、これら二つのオセアニア定住植民地がともに周辺部の発展途上国になっても無理もないことであっただろう。アルゼンチンやウルグアイのように、相対的に高い一人当たり所得があったとしても、そうなったであろう。合衆国では、北部諸州の農業構造を南部諸州に移転してはじめて現代的な農工業の発展が可能となったのだが、そうした発展を数十年にわたって南部の奴隷所有社会が妨げたために、南北戦争において南部が敗北した後でさえそうした発展はたいへんゆるやかにしか生じなかったのである。

これらの反事実的想定の事例をあげることはたやすかろう。そうした事例をとりあげれば、開発政策の教訓を輸出経済がとった様々な発展経路から引き出し、その意味をはっきりさせるのに役立つ。政治的に脱植民地化してから日数がたっていればいるほど、これらの教訓はいっそう第三世界の諸国にとって自明のものとなってくるのである。

B　新興工業国（NICs）を理解する方法は輸出経済の多様な経験から、その中でも成功した経験から推察されねばならない。第一節で素描した開発のシナリオ――まずエンクレーブとして構造化され次に高度工業社会へと成長した輸出経済のそれ――には、今日的な用語法でいえば、一連のNICs発展史が描かれている。つまり、高度に発展し成熟した国民経済の側面をもつ方向へ踏みだした国々の発展史が描かれているのである。東アジア諸国に対する最近の考察と成功した輸出経済に関する歴史的発見物には、驚くほど共通点が存在している（Menzel, 1985 ; 1987）。

開発理論が到達し開発政策が示したNICs概念の鍵となる特徴とは何なのか?

六つの中心的特徴はとりわけはっきりしている。それらを順にとりあげれば、この概念にもとづく開発のシナリオが示されよう。

農業セクターの構造とパフォーマンスおよび工業セクターとの連関度

農業セクターの構造は次の三つのものによって測定される。第一に土地集中（ジニ指数）、第二に平均農業成長度、第三に農工両セクターの連関がそれである。最後のものは、農業総生産価値に占める農業関連工業の投入量のシェアと、農業セクターによって工業セクターに供給される投入量のシェアとによって示される（Elsenhans, 1979 ; Mundle, 1985）。

幅広い国内市場の発展

幅広い国内市場の発展が可能なのは、一人当たり国民総生産や国民所得が増加すると同時に、所得分配が広く行き渡る場合である。後者の要因は需要側面を形成するから重要である。

統一性

国民経済の統一性は、諸個別セクターの内部と相互間でどの程度の連関があるかによって、表現されうる。これが意味するのは、諸原料がその国で加工されつまりは川下の加工段階への投入財となっているということであり、最終生産物が何よりもまず国内で生産された投入財からできているということなのである。それとまったく反対なのが、基礎的な生産物が原料の形で輸出されており、ただ最終生産物が輸入されているにすぎない事例であろう。これはまったく統一性を欠いた事例なのであり、モノカルチャーのエンクレーブ経済に当てはまるものであろう。（投入財と付加価値の総計としての）総生産額に占める投入財の割合が高まれば高まるほど、連関度は高まるのだ（Leontief, 1963 ; Sunkel, 1978）。

均質化

均質化とは、二つの配分状況——個別セクターの国民生産に対する比率と雇用のセクター別比率——

が、先進国社会の形成過程で一致していく傾向を意味する。二つの分配パターンが互いにある程度一致するのは、国民経済に高度工業国の側面が備わっている場合である。個々のケースで一方の分配の側面が他方の側面とずれるパーセンテージ・ポイントの総計を、均質化の指標として定義してもよいかもしれない。

成熟度

ある経済が「成熟」していると言われるのは、多くの資本投入、多くの機械機器産業部門への投入、そして高度熟練労働力がその生産物に必要な産業に、生産活動と活動人口が向けられている場合であり、しかもそうした活動が「エンクレーブ」型のものではなく、経済構造全体で質的な水準が全般的に向上していることを示している場合である。これはその国の資本財セクターの規模で表現される。

国際競争力

成熟した経済の能力は、どれだけ国際市場で競争できるかを基準にして測ることができる。ここで重要な要因となるのは、どれだけ自然に恵まれているかということではなく、どれだけ必要な競争力を備えているかということである。とりわけ敏感な指標となるのは、全輸出品の中で資本財セクターで作られた製品が占める割合がどれくらいあるかということである。

以上の諸次元が生じる順序には独自の論理がある。統一性、均質化、成熟度、国際競争力は、農業と国内市場の潜在的可能性が現実化してはじめて認められるようになる。広範囲にわたる競争力をつけるには成熟過程が先行していなければならないが、この成熟過程は各セクターの投資合理化に支えられている。強力な輸出成長は輸出経済の成長の主源泉として基本的に必要なものであるけれども、先の諸節で説明したように、また右に列挙した諸次元から明らかなように、内的に統合された国民経済が徐々に形成されるかどうかが長期的な発展の成功にとって真の鍵となっている。

この過程の出発点はただ一つではなくいくつかある。したがって、ある単一の指標をもとに具体的な事例を検討するというのは間違いであろう。決定因となるものは、新しい開発戦略にかかわる諸過程の組合せである。その開発戦略には、究極的に——つまり構造的にも量的にもまたは質的にも——旧来の輸出経済と何の共通点もない。

C 輸出経済の様々な発展経路を考察すれば、様々な社会的「深構造 deep structures」——それは発展経路をあれこれの回路に方向づける効果をもつ——が存在するのかしないのかをめぐる開発理論論争に決着をつけることができる（Senghaas, 1977：65ff.）。世界経済の比較可能な一般条件のもとで進行する輸出経済の発展経路に相違が存在することが、この仮説の適切さを示している（Senghaas, 1985）。

開発に有害なのか有益なのかわからない深構造という仮説をたてたからといって、開発に対する有害物が決して克服できないといいたいのだと解釈すべきではない。次のような場合には、そういった有害物は旧来も克服されてきたし、これからも克服されていくであろう。つまり、なかなか実行に移されなかった構造改革つまり土地改革、非寡頭制的な新しい社会諸勢力への政治権力の移行、農工業の連関を促進する——とりわけ新しいインフラストラクチャーに向けた——投資の優位性、現地の熟練労働の利用、その国自体の文化的アイデンティティーの促進が、問題となっている上からの改革戦略とか、下からの社会的革命運動とか両者の組合せとかによって、もたらされる場合である。(11)

四　一般的な開発問題

先の三つの節は、成功したあるいは失敗した輸出経済の分析に意図的に向けられた。その目的は、相対的に人口の少ない経済、なかでも世界市場の諸力にさらされた経済の事例を用いて、開発の成功と失敗の諸条件を調べてみることにあった。方法論的には正当であるにせよ、このような主題の絞り込みと焦点化は、これ以降やめることにしよう。輸出経済の様々な発展に関する発見を一般化することはできるのだろうか？　そうした発見と一般的な開発問題の間にどんな関連があるのだろうか？

人口が多く面積も広くその規模のゆえに対外貿易が占める割合が小さい国を調査してみると、輸出経済の比較分析から導き出された結論は一般的に応用できるということがわかる。輸出経済の場合と同じように、開発が成功するか否かは初期の広範な農業近代化とそれに対応した工業化の進展具合によるのである。農業近代化の規模および速度と工業化の類型との間に、緊密な関係があるのは確実である(Senghaas, 1985:46ff.)。

A　自給自足型の農業が継続する一方で工業化も継続するならば、相互に対立するのが普通であった。

自給自足型の農業が長期に渡り継続してきたにもかかわらず工業化が起こったとすれば、典型的な周辺部の兆候も進展したであろう（たとえばバルカン諸国と第三世界の大部分を考えてみよ）。

B　まさにこの制限された「実りない」事例とは対照的に、とりわけ動態的な工業化過程は高度な農業パフォーマンスを示している経済に見られた（はじめの方で言及した四つの成功した定住植民地――合衆国、カナダ、オーストラリア、ニュージーランドの場合がそれにあたる）。

C　農工業の発展に緊密な関係があるなら、初期の強力な農業近代化がとりわけ初期に強力な工業化を招くのは必然的である。そうした場合には、ことのほか決定的な社会的大変動が不可避であった。こうした出来事の循環はイギリスの発展史に顕著なもので、それは他の諸大国の発展史とはまったく異なっている。その中には（たとえばフランスのように）農業近代化と工業化とがゆっくりと着実に同時進行したものがある。有名なロストウ型のテイクオフ段階を経済史家が捜し求めたが見つからなかったのは、こうしたケースである。

D　もし農業近代化が統合された自由な家内企業から発したのであれば、工業発展はとりわけバランスのとれたものとなり、ゆるやかに進んだであろう（たとえばデンマーク）。

E　農業近代化や工業化が、人口密度が高く広い面積の国にあまねく行きわたることなく狭い地域的過程にとどまるならば、この地域に右の相関関係が存在することをまた示せるはずである。個々の地域では自助的な農工業の中心地が発展したにもかかわらず、その国全体としては相対的に低開発にとどまったという、興味深い事例を示す証拠にはこと欠かない（たとえばスペインのカタロニアおよびバスク地方とイタリア北部）。

F　とりわけ問題となるのは、伝統的な制度的枠組みの内で農業の外延的成長が強制されたペースのもとに生じる場合である。この場合、農業人口への圧力が増大して産出高も増大した。伝統的な手法を用いつつ、また生産的な補塡投資なしに生産性を増大させることによって、産出高をさらに増大させねばならなかった。一般に大衆的貧困が増大しているそのまっただなかで農業資源が外延的に利用されたのは、現地を工業化していくための誘因がないからだった。もし工業化が起りでもしたならば、それは異物を移植するようなものだった（たとえばポルトガル、スペイン、ルーマニア、ギリシャ、第三世界の大部分）。

高い人口密度で広い面積の国では、農業産出高の増大がどこで起ころうとも、それはより大きな歴史的な社会状況のうちに飲みこまれたのは当然であった。[12] ここでかなり重要性をもつのは、いわゆる「工業化以前の工業化」（プロト工業化）の時期に、当の諸国の要素市場および財市場がすでに商業化されているということであった。この場合、商業的農業生産と、それに対応した一方での商人資本活動、他方でのそれに続く工業化との間で円滑な移行が起こらねばならないということは、重要ではない。一般にそういうケースはまったくありえないのである。ここで重要なのは、伝統的な封建的構造の浸食に対してプロト工業化の局面がどれだけ貢献したかということなのである（Kriedte, 1980；Tilly, 1983；Rostow, 1975）。

統一的な法体系や法的保護を創出し、個々の企業では引きうけることのできないインフラストラクチャーを拡大するのに、国家機構が果たす役割は、今日では本質的には肯定的に受け入れられている。読み書き能力と社会の近代化の結びつきもまた顕著である（イベリア半島と比較したスカンジナビア）。

右の諸条件におかれてはじめて、小企業セクターが独立した社会的経済的勢力として第一次・第二次・第三次セクターのうちに生まれ、政治的な重要性を獲得する（Schumpeter, 1961）。こうした社会の中間セクターが自立的発展の一つの柱となったのだ。

こうした基本的な側面を欠けば欠くほど、発展はそれだけますます人工的に「演出され」ねばならなかった。一般的にいって、そういった戦略を行うための唯一の機関は、当該国の政府官僚機構であった。ただし、その官僚機構に戦略を考慮する余裕があればの話であるが。開発研究が始まった当初は、内的発展にとって有害な条件の存在を発見したらいつでも、政府開発援助の増大へと関心が向けられた（Gerschenkron, 1962；1968）。第三世界で今日究明された「官僚制的発展途上社会」やそれを運営していく「国家階級」（Elsenhans, 1981）のバリアントとしては、とりわけ高い人口密度を有し専制政治が行われた昔の発展途上社会が先駆者である（たとえば一九世紀末と二〇世紀初頭のツァーリズム・ロシア）。多くの場合、当時すでに、このような発展途上社会では発展の諸条件が他の社会よりも有利であった。その一例に日本がある。日本では、高度な農業近代化が進行し、社会がかなり商業化されており、中央国家の権威が西側の挑戦に対する反動から形成されていたということ――これらが自立的発展経路に有利に働いた要因であった（Senghaas, 1977：88ff.）。もしそういった要因があまり明確には存在せず、したがって体系的な改革政策の対象とならなかったならば、言い換えると、伝統的な社会構造に手がつけられていなかったならば、マクロ経済的な目的をもった国家階級が発展に注ぎ込む努力は、どれほど真剣なものであったとしても水泡に帰したのである。対応する社会構造が存在しない場合に開発政策がどんなに難しいかを示したのは、一九世紀前半にエジプトでなされたムハマド・アリの「開発実験」であった（Schölch, 1982）。かれに反対する外国勢力によって強い圧力が加えられただけではない。国民的な資本主義的発展の試みに典型的な敵——現地の農業寡頭支配層——からもまた、かれは攻撃にさらされたのである。これと同様の実験が他の多くの地域でも試みられたが（トルコ、中国、ルーマニア等々）が、そうした実験の大半は、伝統的な制度がかなり手ごわく、伝統的な政治的敵対者が権力を集中していることもあって、失敗に終わったのであった。しかし、一九世紀末と二〇世紀初頭のこうした失敗に終わった実験にさえ、最近の開発論争に対する有益な教訓が含まれている。[13]

どちらにころぶかわからないプロブレマティックな諸条件のもとで進展した最近の発展経路は、「繊維型」であるよりは、むしろ「鉄鋼型」経路であるのが常であった。こうした経路においては、初期に工業化した諸国と比べて、インフラストラクチャーを発展させ資本財生産の基礎を供給する点において国家主導の重工業化が果たす役割ははるかに大きかった。この種の発展経路は当然のこととして、不均衡な成長をもたらしたのであり、それはのちに社会主義的開発政策——ここでも機能不全という結果がもたらされた——の旗のもとで見られることとなった。

自助的発展に関する初期の研究への批判が指摘しているところによれば、多くの人口を抱える諸国の発展経路には実質的な不均衡がつきものであったし、農業近代化・消費財主導工業化・重工業主導工業化の漸次的発展という概念は現実の中に反映していない。成長局面は長期にわたる不均衡発展過程の最終成果にすぎないのだ（Hurtienne, 1981）。

こうした批判的な反対意見に根拠がないわけではない。ツァーリズム・ロシア、イタリア、そしてさらに最近の事例に関しては言うまでもないことだか、ドイツや日本のように後発的に工業化した高い人口密度の国でさえ、きわめてアンバランスな条件のもとで数十年にわたって発展したのであった。日本やドイツでは、第二次大戦が終わってはじめて、社会改革によって、広い範囲で効果的な国内市場の発展への道が現実に開かれたのであった。そして、その時になってはじめて、均質化過程を仕上げ大衆消費財市場の広範な流通へ向けて成長ダイナミックスが発展したのであった（Lutz, 1984）。合衆国では発展のダイナミックスが刷新された。国内市場の幅広い発展から早期に生じた、この成長刺激要因が、すっかり変わってしまったのである（Rostow, 1960）。

輸出経済の比較分析の場合と同様、合衆国と高い人口密度のヨーロッパ諸国との間にある発展進度の相違を、伝統的な二重経済論を用いて説明するのは簡単である。相対的に大きな伝統的セクターの背景に逆らった強力な工業化は、発展のダイナミックスを制限してしまう、というわけである。だが、後発工業化諸国が証明したのは、そういった諸条件のもとですらかなり高い工業成長率を達成しうるということであった。しかし、その結果は今日の言い方では「発展なき成長」なのである。逆に、高い能力の農業セクターと急速に排出された安価な労働力の貯水池を備えた人口密度の高い国は、国内市場が発展する際の成長ダイナミックスを初期に基礎づけるものの証拠を提供してくれる（Senghaas, 1985 : 46ff.）。

それゆえ、人口密度の高い国の成長と発展のダイナミックスに関する論争が、資本蓄積と成長が起こりやすいのは均衡条件下でのことなのか不均衡条件下でのことなのかという論点をめぐってなされているのは、有意義とはいえない。実際には、極端な場合もどちらでもない曖昧な場合も見ることができるのである。しかしながら、開発政策の（それゆえ規範的な）観点からするとかなり興味深いのは、多くの人口を抱える広い面積をもつ国（合衆国、ドイツ、フランス、日本、ロシア、大部分の第三世界）の比較分析によって、輸出経済の比較分析からえた核心的な発見が正しいと立証されたということである。つまり、成長の基礎にある分配構造と真に有効な発展のための機会との間には、最初から緊密な相関関係があるという発見が正しいと立証されたのである（Elsenhans, 1979も参照せよ）。

ドイツと日本は合衆国の発展とは対照的な例であるが、それだけにとりわけ興味深い。というのも、両者の発展は――ツァーリズム・ロシアの発展とは違って――相対的に有利なベースラインから出発したからである（日本よりドイツの方が有利であったが）。両方の場合、しつこく残存する伝統的セクターに滞留する安価な労働力は、今世紀中にはかなり大きなものであったけれども、発展のダイナミックスの勢いを削ぐ影響を与えた。敗戦と一九四五年以降の経済再建にもとづく改革政策の結果として、こうした内からの妨害が克服されると、それによって、これらのすでにかなり高度な工業国の「成熟化過程」が加速し、両国は飛躍的に前進し、相対的に均質なＯＥＣＤ諸国の輪郭をととのえることができた。その他にも、今日高度工業国となっている国々が存在しているが、それら諸国においても国内経済の輪郭が最終的に均質化されたのは――多くの場合、農業的職人的伝統部門という、時に重大な残存物を片づけるのに役立った未曾有の経済成長を反映して――一九四五年以後のことであった。

概して、発展に成功しようと失敗しようと、あらゆる場合に、成長のダイナミックスの政治的・社会構造的諸条件、すなわち社会的蓄積構造が指導的な役割を果したと言ってもよいかもしれない。(14)

五　開発の一般理論のためのいくつかの結論

社会‐構造的な基礎にある諸条件と開発過程の制度的枠組みとが開発戦略にとって重要だと、われわれは強調してきた。[15] その重要点は、開発理論の用語を用いて基本的な社会‐政治的な配置をおおまかに定式化すると、次のような類型に要約できる。

A　封建制度の影響を受けていない社会‐政治的な配置のケースに見られる発展（具体例として四つの定住植民地、すなわちカナダ、合衆国、オーストラリア、ニュージーランドがある）

その社会‐政治的な配置を特徴づけているのは、次の諸要素である。つまり効率の良い農地をもった自由保有農セクター freehold farming sector、競争条件への生産的投資を達成し、徐々に工業ブルジョアジーの水準まで発展してきた小営業セクター、ごく短期間に強い経済的・政治的立場を獲得した賃金稼得雇用セクター、開発政策によって動機づけられ目標となったインフラストラクチャー政策を追求し、適切な対外貿易という手段（ここには選別的な高率保護関税が含まれている）によってその国自体が発展できる領域を確保し拡大した国家官僚制などである。この配置がめずらしいのは、歴史的な「ハンディキャップ」がほとんどまたはまったくない国でのみこの配置を見ることができるからである。これらの国でなされる発展とは、他の歴史的にハンディキャップを負った諸国では長期の痛ましい闘争の結果としてはじめて可能な発展なのである。この種の発展の犠牲は発展の前史に見ることができる。当該地域の原住民の殺戮がそれである。

B　漸進的で結局成功した脱封建化のケースに見られる発展

かなり長期にわたってこの過程は先の配置と似かよったものとなった。個々のケースにおいて脱封建化の進路を左右するものは、動揺する政治的諸連合――それは、主要な支配階級一族、貴族階級、農業セクター、商人資本、ブルジョアジー、そしてプロレタリアートが同盟を結ぶか相互に対立し合うかに依存している――の間の闘争の帰趨であった。広範囲におよびまた衝撃的ですらある大変動もなく封建社会から近代社会へと比較的スムーズに移行したのは、ほんの数カ国にすぎなかったのである（Blum, 1978；North & Thomas, 1970；Schiüller, 1983）。

C　支配的な農業寡頭支配層と商人資本のケースに見られる発展（植民地としての前史の有無は問わない）

ヨーロッパの内外では（外とは独立戦争後のラテンアメリカを主に指している）、ここで言う配置が周辺部輸出経済の形成の起源にあったのが典型である。その輸出経済では、伝統的な農業寡頭支配層と商人資本が支配的であったし、寡頭支配層の政治的地位は、自己の生産物を世界市場でうまく売りさばく機会をもつことによって強化されることが多かった。（単純な輸入代替工業化の意味で）工業化に対する刺激となるものが何かしらあったならば、社会-政治的闘争の配置は発展するのが普通であったが、その中で弱体で数少ない産業ブルジョアジーは農業寡頭支配層と商人資本の利害に従属したままであった。輸入代替工業化がある次元にまで達し、それ自体のダイナミックスを獲得するようになってはじめて、権力の移行が起こったのであり、ポピュリスト体制が生まれることも多かった。

農業寡頭支配層と商人資本の事業相手として、輸出入の滞りのない手続きに関心をもった外国勢力は、社会-政治的配置の一部分をなすと考えねばならない。商人資本セクターはもっぱら外国人関係者の事業となることが多かった。しかし、たとえそんなケースがなかったとしても、中枢部《メトロポリタン》の関係者に対して現地の支配階級が国内の橋頭堡の役割を演ずることは珍しくはなかった。

たとえそうであっても、そうした状況下では現地の利害関係者――とりわけ食糧や原料の生産者として最初はボロもうけできるような形で世界市場に統合されることに対するかれらの利害関係――が相対的に独立したものだということは、過小評価されるべきでない。一九世紀においてそうした生産者にとって一時的に有利な交易条件は明らかに魅力があったからだ。

D　植民地状況

この配置の特徴は植民地社会が「本国」の植民地行政に強制的に従属させられることにある。その構造や手法は個々のケースによって異なる。今日では明らかなことであるが、現地のエリートが新しい植民地権力と協力することは、急速に植民地化が進んでいる局面でも、のちに植民地支配を維持していく期間でも、かなり重要であった。こうした協力がなければ、植民地行政は確実にもっと早期に崩壊したであろう。比較的小さい行政的または軍事的な努力と、「鎮圧された」領土および人口の規模とを比べてみると、とくにそれがはっきりする。一九四五年以降の極端に急速な植民地支配の崩壊を見れば、真向から抵抗にあった場合、植民地事業がどんなに支離滅裂なものとなるかがはっきりわかる。

例外なく植民地社会の植民地時代からモノカルチャー型エンクレーブ経済が生まれたのであり、それが構造的異質性の生誕地となったのである。

E 発展途上国の国家階級のケースに見られる発展

これには複雑な社会的-政治的配置が見られる。そこでは、何が強力な担い手となっているかによって個々のケースでまったく異なる発展が生まれてきた（Elsenhans, 1981）。主要機関たとえば国家官僚制が、伝統的な権力諸グループから開発戦略をたてる機会をもぎとり、独自の開発計画を強く押し進めるのに成功すると、その結果としてキャッチング・アップ型の発展に成功したであろう（たとえば、一八六〇年以降と一九四五年以降の日本、一九五〇年以降の韓国と台湾がこれに当てはまる）。だが実際には、国家階級がマヌーバーの機会を手にできなかった配置のほうが、はるかに多かった。そこからコーポラティズム的・独裁的・軍事的な開発独裁の諸形態が生じた（O'Donnell, 1973 ; Huntington & Nelson, 1976 ; Coollier, 1979 ; Nuscheler & Ziemer, 1980 ; Illy, et al., 1980）。社会主義的な条件下ではキャッチング・アップ型の発展は、開発独裁と同じものであった。この場合、単一政党が国家階級の役割を引き継いだ（Senghaas, 1985 : 179ff.）。

しかしながら、多くの官僚制的発展途上国では、国民的発展よりむしろ自己の富裕化が国家階級の目的であった。かれらは社会の戦略的に重要な部分を政治的に厚遇する配下庇護政策によって、自分たちに対する支持を維持した。

現在の開発論争において、社会-政治的アプローチは現在の世界経済と国際社会における多くの発展の趨勢に反しているという反論がしばしば出されている。たとえば、世界経済の相互依存の増大、資本と労働の国際化の増大、国際的な通信手段の強化、キャッチング・アップ型の発展過程にある社会に対する高度開発国のかなり強いデモンストレーション効果といった趨勢がそれである（Fröbel, Heinrichs & Kreye, 1977 ; 1986）。

これらの過程は、いっしょにであれ個々別々にであれ、どの場合にも実際に「増大し」「成長し」また「加速する」のかということが問題になるとはいえ、たしかに重要である。しかし、そのように仮定するにしても、あらゆる国々がそうした過程によって実際同じように影響を受けるのだろうか？ とにかく、発展途上国グループの中で現在判別できる差異は、そういった世界市場の展望から——少なくともそれだけからは——意味づけすることはできない。極端なケースとしては、社会が外生的な世界経済過程に対して抵抗力のない代理人となっているにすぎないような場合があるかもしれない。そして、もちろん、世界経済の成長と発展の極から生じる強制は、発展をキャッチアップしていく過程にある諸国にとってかなり重要である。しかし、内生的な様々な規模で開発戦略をたてる余地があるという可能性を無視するならば、それは誤りであろう。この理由から、客観的に言って、社会-政治的配置という、従来ほとんど未着手の主題の分析に対して、いっそう開発研究がすすめられるように特別な注意が払われるべきなのだ。

この類の研究はまた、世界システム論アプローチにおいてと同様、国際分業の一般的なシェーマにおいて、個々の社会で問題となる機能主義的な役割分担と、その社会を特徴づける社会-政治的な側面とを是正する際に、有益な貢献をするであろう。しかしながら、そうした機能主義的な役割分担に関してあれこれ警告することはすでになされてきた。

ヨーロッパの諸地域の様々な発展に関する最近の開発研究がもっともらしく論じてきたのは、公然たる政治的闘争の結果として中世末に基本的な方向が定められ、いっそうの発展がなされるようになってきたということである（Berend & Ranki, 1974 ; Brenner, 1982 ; Blaschke, 1983）。こうした研究によると、各事例における国際分業への参入の仕方は、中心・半周辺・周辺という役割と機能を割り当てられた結果というよりも、この割り当てと関係する階級闘争の結果なのである。世界システムによって決定される役割の割り当てがどのように生じえたのかはどの場合も想像しがたいのである。(16)

それゆえ、西ヨーロッパが脱封建化した時代に東ヨーロッパが再封建化することは、決して、不可避的なものでも、当然のごとく論理的であらかじめ決まっていた役割の割り当てを反映したものでもなく、様々な政治的闘争が行われた結果なのである。たとえば（東ヨーロッパで見られたように）伝統的な封建権力が強力になって現れたところもあれば、他方北西ヨーロッパのように弱体化したところもあった（Brenner, 1977）。こうした背景に目をむけてはじめて、様々なヨーロッパの地域でのちに発展が突発的に生じ、周縁化過程が進行した事態を理解できるようになるのだ。

ここでようやく、定住植民地（「自治領資本主義」dominion capitalism）と自己周辺化的輸出経済の場合には、社会-政治的権力配置を多様化していくことが開発戦略上重要である、と最も明確に分析できる段階に到達したのである(Senghaas, 1982 ; Ehrensaft & Armstrong, 1978)。

世界システム論アプローチにおける役割の割り当てが一番よく当てはまるのは、植民地社会の開発史である。ここでは、政治的・軍事的・経済的に圧力をかけて、従属社会を道具化し機能化することに、役割の割り当ての効果があった。自給自足経済は顕著な対外貿易構成をもっていたりもっていなかったりするが、関係する中枢部経済のニーズに応じたモノカルチャー・エンクレーブ経済になった(Amin, 1975 ; Frank, 1978 ; 1980 ; Wallerstein, 1974 ; 1980)。開発理論政策での最近の仮定に反して、このニーズは、商品の型の点でも量の点でも長期にわたってきわめてかぎられていた。少ない種類の生産物にのみ関心が向けられていた。唯一の例外は綿花という重要な輸入品だった。とはいえ、ヨーロッパの繊維産業で加工された大半の綿花がとれたのは、合衆国南部諸州だったのだが。第一次産業革命を通じて食糧と原料に関するヨーロッパの自給自足がかなりの程度のものだったがゆえに、ヨーロッパ世界経済の周辺部においてごくかぎられた形のモノカルチャーが形成されたのであった(Lewis, 1978 : O'Brien, 1982)。ヨーロッパが幅広い食糧と原料に興味を示していたならば、そうした需要の結果、初期段階に植民地諸国において幅広い動態的な過程が起こったかもしれない。しかしながら、一般に受け入れられている見解とは対照的に、一九一四年以前の中心-周辺関係に関わる統計は、そのような需要がなかったことを示している(Woodruff, 1966 ; Bairoch, 1980 ; Senghaas, 1985 : 66ff.)。

しかしながら、脱植民地の過程によって、植民地政策下での役割分担が崩壊し潜在的な変化もまた可能になったが、その変化は新しい国家階級と開発官僚制の働き如何にかかっていた。かれらが伝統的な役割分担に従い続けたところでは、叙述的と理解されている世界システム論アプローチの構図も有効であった。かれらが新しい発展経路へと進み出したところでは（たとえば東アジアのように）、当の国民経済は古い役割を捨て新しい動態的な比較優位を勝ちとることができた。この過程はその国自身による注目すべき努力の結果であった。それは、何らかの点で数個の社会――たとえばＮＩＣｓや半周辺諸国――の上向運動を可能とし、その一方で他の社会に下向運動を強いるという、世界システムの論理を反映しているのではない。むしろ、その二つの過程は、個々の国の多様な転換とイノベーションの能力の表現として理解せねばならない（Röpke, 1984）。

最後に、この視角から研究すると、世界システム論の視角にも新たな理論的な基礎が与えられる（McMichael, 1985）。そうすると現在の世界システム論アプローチを特徴づけ、またその信用を落としもしている、問題となる因果的仮定を訂正できるようになる。その仮定を無視すれば、世界システム論アプローチは、近代化論的アプローチを超える利点をなお有しており、世界経済を背景とした様々な社会的輪郭（中心、半周辺、周辺）に――従属論的アプローチを一般化することによって――注意を促すのである。ここから個々の発展の様相と経路の特殊性が前面に押し出されてくる。他方、近代化論的アプローチにおいては、普遍的な仮定によって一般に議論の大筋が決定されてしまっていたのである。これとは逆に、近代化理論が果たした貢献とは、社会サイバネティックスから問題を理解し、経済成長と社会変化が政治に与える余波を問題の中心にすえたことにある。社会の民主化が国内市場発展の一つの条件となるにもかかわらず、社会-経済的変化が政治システムの開放化（民主化と参加の拡大）を直接意味することはない。まさにその理由で、この問題に対する社会サイバネティックス的アプローチが理論的にも実践的にも中心的な重要性をもつのである（Deutsch, 1966；Zapf, 1971；Wehler, 1975）。

六　以上の考察から開発政策に関するいかなる教訓を学ぶか

この数十年の開発理論論争は、対外貿易戦略と開発の相関関係に長い間関心を集中させてきた。もっと絞って言えば、その論争の主たる係争点となったのは、発展途上国が輸入代替工業化戦略に従うべきか、輸出指向工業化戦略を選ぶべきか、という問題であった。発展途上国においては、議論の比重が輸入代替工業化におかれる傾向にあったのに対し、高度工業国の開発政策の立案者や研究者は――輸入代替工業化は高くつくし非効率的であるという理由から――輸出指向成長戦略を推奨した（Ochel, 1982; Braun, 1985）のである。

輸入代替戦略と輸出多様化戦略の論争にあっては、現在の論争におけるよりももっと多くの注意が、当の国民経済の規模に対して向けられる必要がある。高い人口密度の国（たとえばブラジル）では、補足的な輸出多様化戦略をともなった輸入代替戦略しかありえない。そういった状況で輸入代替工業化戦略が――たとえば有効需要の限界などから――困難に陥るならば、その場合、社会-構造的な側面が原因となっているのが普通である。問題なのは戦略そのものではない。所得分配こそ問題なのである。所得集中がひどければ、分配の不適切さのために国内市場の拡大など起りえないのだ。

逆に、対外貿易が一般的に高い比重を占める小規模の国民経済は、輸出戦略に好都合であり、とくに、動態的な比較優位を確保できるようにと企図された輸出多様化戦略に好都合である。

この形式的な観点からすると、開発政策の議論をさらに進めていくのに適切な三つのケースがありうると想定できよう。

A　過去三〇年間に、東アジア諸国（とくに韓国と台湾）は輸入代替と輸出多様化の混合戦略をとって成功してきた。ここでも、スイス開発史の経験や他のOECD諸国の多くの側面が反復されてきたのである（Menzel, 1985）。東アジアの発展経路が成功する鍵は輸出指向工業化戦略にあった、ということが誤って主張されてきた。しかし実際には、これら諸国が比較的成功を収めることができたのには、もっと広範な理由がある。東アジアの両国では、大きな農業改革が行われてから輸入代替工業化の最初の局面が訪れたのであって、とりわけ台湾では農業加工品の輸出も同時に行われていた。この局面では農業の成長は、他の発展途上国の農業成長やその工業成長と比べても平均を上回っていた。一九六〇年代に始まる輸出多様化戦略には、輸入代替工業化を放棄することは含まれていなかった。むしろ、輸出多様化の努力が積極的にフィードバックして輸入代替工業化を継続させた。日本と同様、一九世紀後半以来、国家計画と断固とした国家介入が発展過程のバックボーンを形成した。東アジアの発展は市場の力が自由な役割を演じたために生じたと見るならば、それはまったくの誤りであろう。少なくとも当の東アジアでは発展過程に対してそうした見方はされていない。

東アジアでの後発的発展は、新しい局面の輸出多様化が関連輸入代替諸産業へと持続的にフィードバックされていることによっても特徴づけられる。今日、適切な指標（統一性）から読みとることができるように、この特徴があってはじめて、輸出と国内市場向け生産とがずっと緊密に連関することとなったのである。

東アジア諸国は輸出加工区に限定された輸出工業化戦略に従ったのだろうという考え、換言すれば工業化はたんにおまけにすぎず世界市場企業によってコントロールされているだけだという考えは、事実を反映したものではない。台湾だけではなく韓国においても実際、土着の産業と輸出向け生産との間に相当の連関効果が生まれかなり大きくなりつつあるし、輸出生産はとにかく生産総計の一部分を形成するにすぎない。この事実を否定するのは馬鹿げているし、これら二つの事例から結論を引き出してそれを他の輸出指向工業化に適用するのも同様に馬鹿げている。

輸出と国内市場向け生産との相互関係という、この最後の事実は、アジアの発展経路に典型的に見られるような比較的同質的な出発点が存在したという点から考察せねばならない。もちろん他の要素も含まれている。たとえば外国企業による長期直接投資が一般的に存在しておらず、そのかわりに金融制度、住民間の高い社会的可動性や際立った学習意欲、そして少なからず国家官僚の高度熟練が存在したということなどがあげられる（Röpke, 1984）。

B　東アジアの経験とは対照的に、第三世界の輸入代替工業化には補足的な輸出多様化がともなう場合もともなわない場合もあるが、その輸入代替工業化が一般に行われるのは、構造的な異質性というはっきりした特徴をもち、しばしばその程度が拡大するという条件下においてなのである。これは、伝統的なエンクレーブ経済、農業改革の不在ないし失敗、農業セクターを無視した工業化、つまり官僚指向型発展途上国の都市偏重の政策の帰結である（Ahmad, 1978；Lipton, 1977；Elsenhans, 1984）。

　重大な内的異質性に直面しているため、農工両セクターの連関や国内市場の統一的発展がおこる見込みは小さい。ある社会が大きくなればなるほど、国家援助と保護措置の助けをかりて特定副次的産業セクターを拡張していける可能性が高まるし、そうした副次的セクターが世界市場で競争力をつけるということが完全に可能となる。しかも、こうした競争力には経済一般の高い成熟度が必要なのに、そういったこともなしに可能なのである（Petras, 1984）。しかしながら、かなりの社会的異質性をもつ小国は、加速する輸入代替戦略と輸出多様化戦略を連関させようとすると、大いなる困難にぶつかる。しかしこういった場合でさえ、困難は規模のゆえに生じるのではなく特殊な国内事情から生じるのだ。中規模の第三世界諸国におけるたいていの工業化過程は、重大で、しかもしばしば増大しつつある構造的異質性に直面して起こっている。この事実ひとつをとっても、大部分の第三世界の発展の見通しには暗雲がたれこめているのである。

C　この一五年間にかなりの注意が特定の型の輸出指向工業化に払われてきた。輸出加工区における加工組立型の工業化がそれである。この過程は新しい国際分業の表現として、国際的な論争で問題となった（Fröbel, Heinrichs & Kreye, 1977；1986）。
　この型の工業化の問題は常に、関連諸国におけるフィードバックの欠如にあった。言い換えれば、これらの国々は最初にエンクレーブの状態にあり、その後も一般にその状態にとどまり続けるということが問題であった。東アジアの場合と同様、発展の結果、統一的な国民経済が登場しない場合には、加工組立型の工業化から積極的な効果は期待できない。安価な労働力の貯水池が利用される。必要なインフラストラクチャーへの公共投資が本当に採算に合うかどうかは、実証面でいまだに議論されている。技術移転と呼べるほどの技術移転は生じない。加工組立型の工業化はバラバラなままであり、多くの場合、特殊な開発官僚制の最後にして無意味な慰めとなっているように思われる。

広く認められているように、この三〇年に及ぶ第三世界の個々の地域における開発の経験は、それぞれ極端に異なっている。たとえば、東アジアにおける開発は、アフリカや南アジアにおける状況悪化とは対照的である。しかし東アジア諸国を例外とすれば、あらゆる諸国で、社会の特定の地域やセクターにおける――一般的には住民の最貧層の間での――開発問題は以前よりも激化している。ここには潜在的な闘争が存在し、その闘争は武装化への動きによって――一時的にであれ――手に負えないほど尖鋭化している。実際、それはすでに始まってしまったのだ。

こうした状況に対して二種類の反応があった。新しい国際経済秩序に対する要求とベーシック・ニーズ戦略の形成とがそれである。新しい国際経済秩序に対する要求が国際経済内で第三世界の地位を改善することを狙っていた一方で、いくつかの場合には実行する必要があるのになかなか実行できなかった改革手段や国民的開発政策の修正については、何も触れられなかった。ベーシック・ニーズ戦略は原則的に貧困との直接的対決を目指していたが、それによって開発過程の成功に必要な国内の社会的条件に対してもいっそう敏感になってきた。しかし現在では、その原則自体が伝統的な開発政策を背景にした矯正策だと理解されている(Streeten, 1984)。両戦略とも、実際に役立つかどうかは別にして、伝統的構造と衝突するものである。前者は世界経済の構造と、後者は開発過程を誤った問題の方向へ進んで向けてしまう政策と、衝突するのである。新しい国際経済秩序に対する要求は、新たな公海法に関する広い合意を別とすれば、大半が破綻した。加えて、いわゆる南北対話も暗礁にのりあげた。しかし、第三世界の大半の要求が満たされたとしても、必ずしも発展にとってプラスの結果が生じるとはかぎらないであろう。世界市場によって与えられた諸機会がただちに実りある開発の目標であるとはいえないからである。開発史のこうした教訓は今でも十分真理であり続けている。

他方、ベーシック・ニーズ戦略はそれ自体をとってみるともっともらしいが、普通は一般的な経済発展の概念に適してこなかった。その戦略は、合理的な経済発展戦略に対する積極的なフィードバックと結びついてはじめて、まともな足どりで進み出しうるであろう。しかしながら、全体としてはこれは第三世界諸国で起こっていない。

それでは合理的な開発戦略を推進する基礎となるのは何か？　いっそうの輸出指向型開発戦略のために、世界経済の舞台で策略をたてる機会が今のところ極端にかぎられているから、今日このことを問題にするのはたしかに必要である。実際に、一〇にも満たない発展途上国が第三世界からの最終製品輸出の全体を行っているのである。さらに、それに加えて、工業国の新保護主義がますます強まってきている。開発政策の袋小路からの抜け道は、常に、しかも必然的に合理的な開発政策の出発点となってきた戦略の中にはっきりと存在している。つまり、農業セクターのもつ発展の潜在的可能性と、このセクターの諸要求や大量の人口に適応する工業化指向のもつ発展の潜在的可能性とを、ともに高めることに存在しているのである。そういった戦略の前提となるのは、安全な土地所有環境、自由保有農という堅固な中間セクター、生産増大への積極的な動機づけ、それらに対応するインフラ建設などである。

国際開発論争に組み入れられてきたこうした諸目的をもてば、開発政策の進むべき進路はバランスのとれた農工業成長の原則に立ち戻ることにあることがわかるであろう。国際論争においては、新しい開発へのアプローチは「農業需要主導型工業化」と呼ばれている（Adelman, 1984）。だから、今後四〇年もたてば、国際論争は本来のリスト的な立場に（List, 1957 ; Hendersen, 1984）、そしてそれゆえ自助的発展の戦略へと立ち返っていることだろう（Senghaas, 1977 : 75ff.; Seers, 1983 ; Foster-Carter, 1985）。

七　離脱と自助的発展・再論

以上の考察から、われわれの以前の離脱《デリンキング》願望に対して、また「自助的・自生的発展」という開発理論ならびに開発政上の展望に対して、どんな評価をくだすべきなのだろうか？（Senghaas, 1977）ごく初期の研究に見られるように、開発理論と開発政策の両観点からすれば、自助的発展の展望の基礎は、成功した発展経路を比較分析してみて価値があるとわかった蓄積モデルにある。実行可能な発展過程にとって生命力のある基礎として役立つ蓄積構造は、必然的に、持続的な農業近代化と、大衆消費財ならびに資本設備財の工業生産を含んでいると信じられていた。自助的発展は自給自足《アウタルキー》的状態のもとでの発展だという誤認は最初から否定されたにもかかわらず、この誤解が——とくに一般的な開発政策論争において——広がっている。自助的発展というパースペクティブは、実際に第三世界のあらゆる地域で失敗に終わった発展の試みに対する返答として最初に打ちだされたため、開発史における必然的な差異化が考慮されなかったという事実が、たぶん部分的にはこの誤解の原因となっていたのであろう。[17] とくに、輸出指向的であるにもかかわらず自助的発展を達成した比較的人口の少ない国々の興味深い事例は、まだ見られなかったのである。しかしながら、すでに述べたように、これらの事例における重要な成長誘因の中には本質的に外生的なものもあったけれども、そうした分析によって、驚くべきことに、逆に自助的発展の公理と見なされた蓄積モデルがかなりの程度確証されたのである。

「離脱賛成論」は、一般的な開発政策アプローチによって、周辺部資本主義社会の分析から抽象的に演繹されたものである（Senghaas, 1977；1979）。リスト主義的なアプローチにそって、離脱は真に効果的な国内市場の開発のための一時的な対外貿易手段だと解釈された。この結果、「離脱」と「自助的発展」がある程度、同義反復的な概念にちがいないと誤解されるにいたった。こうした誤解は顕著であるが、そういった風潮が生まれたのは、離脱賛成論においては、ある国の国内市場の潜在的可能性が現実化するということがいつもはっきりと強調されていたからである。[18] 強度の異質な内部構造をもつ諸社会にとっては、世界市場からの何らかの離脱が、極端な場合には完全な離脱が、統一的な生産能力の発展条件として必要なのだとされている。世界市場への持続的で徹底した統合の結果として、発展が生ずることはありえないと見られていた。選択的な協調、とりわけ発展途上国間の関係の深化が有益だとはっきり宣言された。

振り返ってみると、ここまで述べてきたことは以下の諸結論へと要約できる（図1を見よ）。

Ａ　開発史からすると、自助的発展は、世界市場への統合／結合（類型Ａ）と分離（類型Ｅ）という両条件下で生じてきた。成功した発展途上社会では、その社会が大きければ長期の離脱が見られたが、他方その社会が小さければ世界市場への統合と選択的離脱（類型Ｃ）が微妙に混合されているのが普通だった。離脱はしたもののそれに応じて現地で発展の努力をしないと、予想どおりその離脱は無益なものとなった（類型Ｆ）。開発政策によるコントロールをうけない世界市場統合は、周辺化をもたらした（類型Ｂ）。

図1　対外貿易戦略と発展：発展と失敗した発展の諸類型

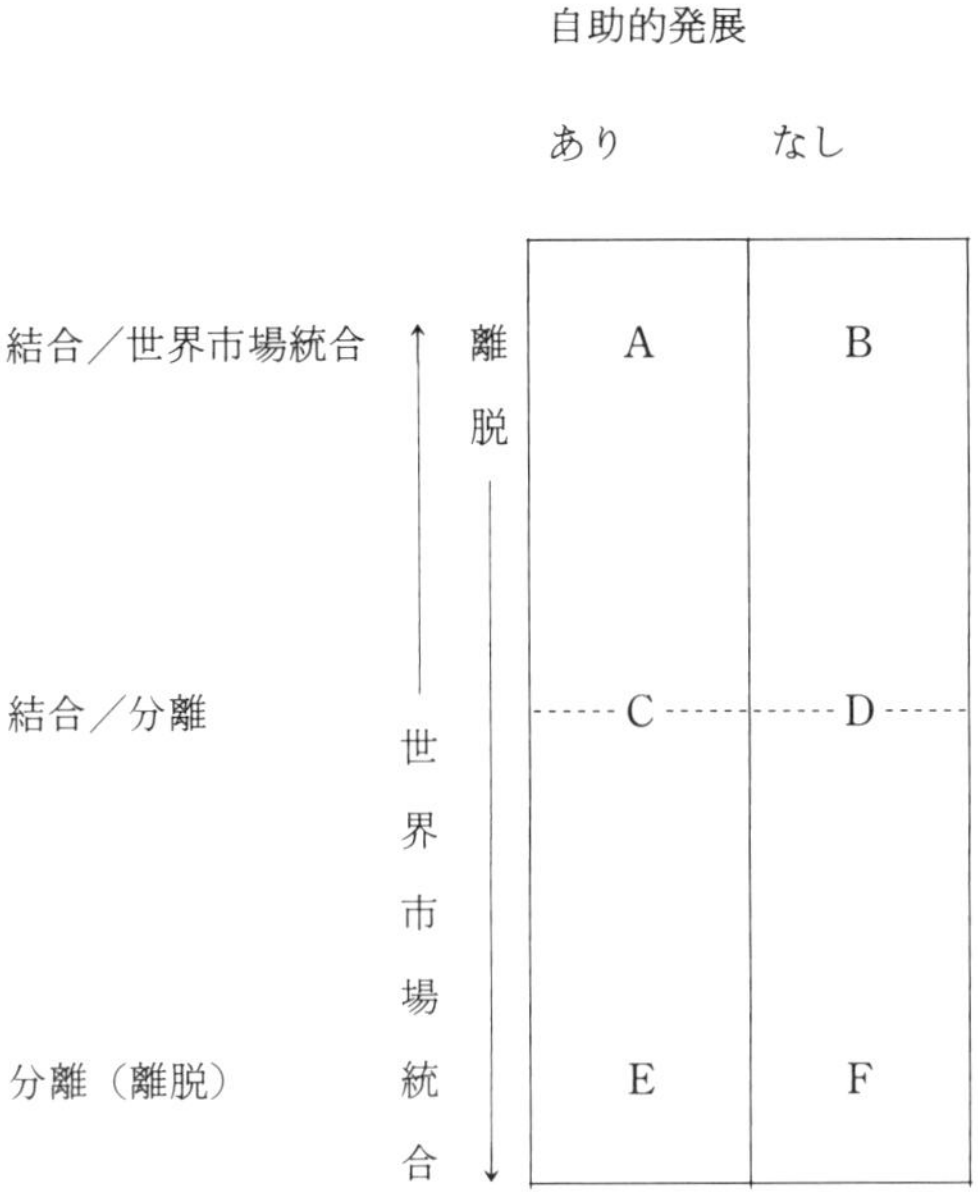

B　あらゆる場合に、内的な社会構造的な諸条件と制度的枠組みが発展の方向と動因にとって決定的であった[19]。この一般的な発見は、最近の東アジア諸国の開発の経験によって裏打ちされているのであるが、これによって、自助的発展という概念として提示された当初の議論における仮定がはっきり確証されるのだ。

C　時系列的に個々の社会を分析すると、発展途上国がまったく異なる対外貿易への参加様式をもった発展経路（発展軌道）に従うということがわかる。その視角からすると、発展過程はある種の「ラーニング・バイ・ドゥーイング」を意味している（Hagen, 1980; Schmitz, 1984）。高度に発展し、成熟した工業諸国におけるマクロ的・ミクロ的経済効率の観点からまちがいないとみなされている多くの手段が、学習コストを考慮に入れて過度に短期的な展望を避けた場合、発展途上国では全体としては積極的な意義を有していることがある。リストが古典派と行った有名な論争において、こうした論点がすでに出されていたということは重要である。

必要とされる発展の前提もあれやこれやの手段も、今日の発展途上国の要求に応じるためには利用できない。発展を促進する諸条件を外部から発展途上国に導入することはできないし、テクノクラート式に数字をかじってあれこれの手段がうまく適用されることもありえない。多くの発展過程は、自力で開発し磨き上げた熟練があるかどうかに、また転換とイノベーションのために身につけた能力があるかどうかにかかっており、そうしたものが、機会と制約をともにフレキシブルに利用することにつながるのである。

フレキシビリティの欠如もまた、特定グループの第三世界諸国、つまり社会主義発展途上国においては大きな問題となりつつある。そうした国々は一つの特殊グループの事例――極端な離脱の事例――にすぎないにもかかわらず、離脱と自助的発展に関する議論の中心に位置していると、一般に誤解されている（Senghaas, 1985：179ff.）。

発展の第一局面においては、厳密な意味で発展と呼べるほど発展している国々はほとんどないとはいえ、[20]社会主義発展途上国は一般にかなりの成長経済である。中央計画によって、新たな優先権を投資に与え、古い生産能力を再度ターゲットにすえ、遊休生産能力を稼働させることができる。ここで外延的な成長局面の経済的成果をいわゆる残りの第三世界経済と直接比較してみる必要がある。しかし、第一の成長局面はそれ自体が問題の温床なのであって、そこから時がたつにつれてだんだんと慢性の構造的欠陥が発展するのである。たとえば、農業と消費財産業を犠牲にした過度の重工業化は、独自の重要性を付与されているため、矯正策を（完全に不可能ではないにしても）かなり難しくするダイナミックスを示すのである。外延的な成長局面を通じてフレキシブルな誘因をもったシステムが発展しなくなるが、このシステムは、外延的成長から内包的成長へかわる時期には欠かせないものである。社会主義的工業社会がだんだんと複雑になるにつれて、極端な政治的・行政的中央集権は機能不全に陥り、消費財の不足と劣悪な品質の商品の支給が、労働者の士気と規律に悪影響を及ぼすのである（Fitzgerald, 1985）。問題の深刻さは社会主義発展途上国でそれぞれ異なるが、例外は一つもない。そして、そのモデルとなっている国――ソ連――では、とりわけ深刻にこれらの兆候が発展してきた（Nuti, 1979；Staniszks, 1979；Saslawskaja, 1984）。自己矯正策をとれなければ、社会主義的開発政策が完全に利用できるはずの成果が浪費されてしまうのも当然といえば当然である（Nove, 1983；Brus & Kowalik,

1983；Brus, 1985)。東欧ではどんな矯正策が必要なのか、一九五〇年代初頭から議論されてきた。ソ連でもこの問題からうける圧力がどんどん増えて、焦点が連関メカニズムに置かれてきた。ヨーロッパ外の全社会主義発展途上国でも同様の議論が起こった。概して、矯正策をとろうとする試みは破綻したのだが、それは国家や党の官僚が抵抗し、とりわけイデオロギー的独占と政治権力によって、社会主義社会における単一政党支配が主張されたからであった。しかしながら、現代の中国およびハンガリーの発展を見れば、こうした問題を克服する場合、フレキシビリティーがいくらか達成できるということがわかる。とはいえ、これがいくらすすんでも、まだまったく手つかずの問題が残っており、とにかく、全部で一五億の人々からなる社会が発展機会を手にするかどうかは、その解決如何にかかっているのだ。自発的にであれ強制的にであれ、離脱がいったん極端な次元にまで至ったら路線変更がしにくくなることの証拠となるのが、社会主義国の極端な離脱戦略である。長期にわたる幅広い輸入代替工業化を採用し、現在では輸出多様化戦略に切り換えたいと思っている国々の適応も、同様に難しい。選択的離脱と選択的世界市場統合の正しい手段を見出す場合、開発戦略の観点からは、危機に瀕していると思われるものが明らかにたくさんある。その結果、一方では、先進国からうける競争制約は圧倒的な影響をもたず低開発国の開発の努力を抑圧したし、他方では、あまりに高くつく保護手段のせいで経営上の失敗と非効率——これは、競争条件がもっとゆるやかに和らげられていたなら避けられたかもしれない——が生ずるほどの水準にまで到達している。開発政策の遂行における最高の名人芸は、キャッチング・アップ型発展を行う際に、圧力をかけすぎたり逆にかけなさすぎたりすることをともに避けることができる手腕という点にある（Röpke, 1978；1980；1982)。

八　新しい多極的な世界経済——発展の新しい機会か

上述の考察は、世界経済ではなく個別の社会や経済地域の発展経路を独立の分析単位として行った分析と関係している。この観点は、方法論的な恣意性という問題はないが、われわれが体系的に歴史を比較研究して発見した内容を反映している。

しかし、こうした議論の方向性のせいで、われわれが世界経済の構造と発展史を、まさに一個の「社会的事実」として見ることができなくなるというようなことがあってはならない。開発戦略の中で考慮する必要があり、開発過程にとって重要だと思われる三つの重要ポイントは、次のとおりである。

A　現代世界経済の構造と発展ダイナミックスの起源は、二〇〇年以上前に、大英帝国の農工業革命の結果形成された重心にまで、遡らなければならない（Predöhl, 1971; McMichael, 1985）。この重心は一九世紀に強固となり、当時の世界経済で大英帝国が占めるヘゲモニー国としての地位の基礎となった。これより以前の商業資本の中心部とは違って、支配的な地位は略奪資本の活動の成果ではなく、第一次・第二次・第三次セクターにおけるイギリス国民経済の生産力の優位から生まれた成果であった。高い生産性、（繊維産業、鉄鋼業、石炭業のような）産業上の新しい主導セクター、一国的・国際的レベルで活動するサービス産業の成功、これらが役に立って一九世紀のイギリス経済は独自の地位についたのだ。世界経済がこれほど単一の中心に構造化されていたことは、後にも先にも一度もない。世界経済の中心として大英帝国のもった支配力と権力は世界中に及んだ。そのヘゲモニー国としての地位の別の表現が、国際化を志向する対外貿易政策である。そうした状況において、大英帝国は世界に力を及ぼす調整器としての役割を数十年にわたり演じたのである。

B　単一の中心をもった世界経済システムの中に他にまさる地位があるということは、地球上の他の国にも、機会と危険の両方があるということを表している。その機会とは、世界経済の「成長の機関車」に連結するということであり、農工業イノベーションの発展経路（成功した輸出経済）に乗りだすということであった。その危険とは、開放的輸出貿易政策の結果、エンクレーブ的または周辺部的な輸出経済になるということであった。少なくとも国際需要（結局、まずもってイギリスの需要のことなのだが）の水準が高いかぎりは、この機会は二つとも魅力的だった（Lewis, 1978）。経済力以外の手段で植民地主義と帝国主義が征服したところでは、そうした選択は存在しなかった。

C　一九世紀のイギリス経済で確立された重心は、やがて新しい中心部、とりわけドイツと合衆国が発展したのちに脅かされるようになった（Kurth, 1979）。新しい中心部の形成はイギリスの場合と同じ発展過程の産物であった。農工業革命と技術的・組織的イノベーションが世界経済にとって重要で新たな主導セクターの基礎となったのである。今世紀前半のヘゲモニー闘争はアメリカの勝利に終わり、それから一九四五年以降はアメリカが世界経済の新しい重心となったのである。

四〇年後、アメリカは依然として世界経済で主導的な地位を保持しているが、再生した西ヨーロッパの力によって、また近年は東アジアの重心が発展した結果、その力は弱まってきている(Senghaas, 1986)。日本の挑戦は再度初期モデルのパターンを踏襲している。つまり、イノベーションの始まるが新しい主導的先端セクターで、そこから下方に位置する「周辺部」諸国だけでなく旧い工業国にもかなりの圧力が及んでいくというものである(Linder, 1986)。

現在、主導的な立場は合衆国、西ヨーロッパ、日本によって占められているのであるが、新しい重心がヘゲモニーの明白な構築に向かう出発点にならないとすれば(この構築がいつ起こるのかは今のところ未解決の問題であるが)、多極的な世界経済システムが今や存在しているといってよいのかもしれない。

D 初期の経験から次のことがわかる。単一の中心をもった世界経済から二つ——ないし多数——の中心を備えた世界経済への移行は、(過去のイギリス・ドイツ・合衆国や今日のOECD諸国がそうであるように)これらの中心部間の関係を強化することになり、その一方で国際経済的ヒエラルキーの第二・第三層で新しい輸出経済にとっての新たな機会が生じている。これらの機会がどのように活かされるかは、伝播してきた刺激が関係諸国でどのように利用されるかに依然としてかかっている。

もう一つのポイントは、そうした中心部間の関係は、周辺部諸経済の間でとり結ぶ関係の相対的な不十分さと同時に起こっているということにある。

E　重心の発展とそこに関係し服従している諸地域の発展は、経済循環を通じて進んでいく。下降と不況は上昇と好況の後にくる。このことが、世界経済それ自体の発展ダイナミックスに備わる一貫した法則の問題なのか、それとも単純にいくつかの主導的経済で規則的・反復的におこる問題なのかは、ずっと議論の主題となってきた。世界経済全体を特徴づける体系的な法則に向かう傾向があるというよりも、当の重心においてシステムを補完する sub-systematic 循環が存在しておりその結果が世界経済に影響を与える傾向があるということを、実証的な分析は示している。[21] 上昇と好況はどこでも下降と不況より好まれるということは自明ではあるが、下降と不況に対する反応は様々である。自己周辺化的な輸出経済への影響の中には、輸入代替工業化を促進するようなものがあったが、社会-経済的後退を生むことのほうが多かった（Rothermund, 1983）。それにもかかわらず、成功した輸出経済においては、とくに機械機器産業を推進した結果、農工業構造が質的に深化するという反応が表われた（Menzel, 1987）。そうした顕著な違いは、個々の経済が一九三〇年代初頭の世界経済危機に対して見せた反応のうちにはっきりと現れた。今日でも、現在の重心を志向する輸出経済はかなり異なった反応をする。その中には、たとえば、先の輸入代替工業化に続く新しい輸入代替工業化の方法であるとか、世界経済の条件に反するにもかかわらず幅広い輸出の多様化を広げるためになされる努力など、新しい開発の努力が具体化している国もあれば、世界的需要の縮小によって慢性の危機が進展しつつある国もある。今日ではたしかに前者の場合よりもこの後者の場合の方が頻繁に見られる（近年の世界経済発展に関する世界銀行の報告を見よ）。

F　資本主義的に決定される世界経済システムの外部にある独立した工業中心国は、社会主義的計画経済の旗のもとでキャッチング・アップ型の発展を目指す経済となってきた。ここでも新しい重心、とりわけソ連と中国が存在しているが、そのシステムの外部にあるために、これらの重心は世界経済に放射線状に影響を与えてはいない。多かれ少なかれ自給自足的な反-中心部として、そうした諸国は仮に資本主義世界経済にとって意義をもっているとしても、ほんのわずかでしかないのである（Senghaas, 1986 : chapter 2)。これとは別に、経済的な連関と統合とをなしとげようとする際、構造的に同質的な社会に生じる困難がすでにいくつか存在している。コメコン諸国の統合水準は低い、もっと統合を進める必要がある、とほぼ二〇年にわたり論争がいまだに継続しているが、ここからこの考察が正しいことがわかる。

キャッチング・アップ型開発戦略をもう一度とりたいと思っている今日の発展途上国はどんな状況に直面しているのか？　この問題に答えるにあたっては次の諸要因がとりわけ興味をひくであろう。

A　世界経済は現在下降局面を経過しつつあるので、新しいイノベーション・ドライブを始動させようとして、新旧の重心国において研究と開発の努力がさらに推進されつつある（Rostow, 1985)。世界市場のシェア獲得をめぐって工業諸大国間で対外貿易政策戦争が継続中であり、様々な「貿易戦争」がいまだに行われているけれども、主な関心は次の問いにある。つまり、一連のニュー・テクノロジーにおいて主導的な地位を占めるのは、どの主導的工業国になるのか、というのがそれである。その答えが重要なのは、これらのテクノロジーが新しい主導的先端セクターの発端となる可能性があり、それによって、世界経済の後の発展が――構造化されるとまではいわなくとも――特徴づけられる可能性があるからである（Perez, 1985；Rode, 1986）。

この過程は発展途上国に対して両義的である（Kaplinsky, 1984；1985）。一方では、世界の主動的な経済と大半の発展途上国との間のテクノロジー・ギャップがいっそう広がるだろうし、もう一方では、この種の発展が一定の条件のもとで進むならば、旧い工業国から第三世界へと古い産業がかなり移転するようになるだろう。もし適切な内的条件が存在するならば、新しい「東アジア効果」が始まるであろう。つまり経済の内的条件が正常であれば、新たな輸出機会がうまく利用できるようになるであろう。

ニュー・テクノロジーはだんだんはっきり姿を現しつつあるが、この移転の趨勢を逆行させる効果もあるので、新たな世界経済の上昇が起こったときにこの種の移転が生じるかどうかは、不確かである。現在のところ、第三世界に残っている国の中で顕著な「東アジア的な国内的輪郭」を、つまり高い水準の官僚的で企業家的な熟練、イノベーションを推進する制度、それほど不平等でない分配などをもっている国はほとんどないから、どの途上国が新しい機会を利用するかはまだ見分けられない（Röpke, 1984）。それゆえ、幅広い発展効果を生まずに支配的な重心が先導する強い輸出成長が起こる可能性のほうが、東アジアの開発経験が繰り返されることよりも、依然として可能性が高い。しかしながら、内的な条件の能動的あるいは受動的な変化が生ずることがあるから、東アジアの開発経験が再度生じる見通しは原則的にありえないというべきではない。

B　現存する世界経済の重力場に加えて、第三世界という広大な領域では、第三世界それ自体の内部で実行される新しい輸出指向型戦略のためにならば、おそらくは大通りが開放されるであろう。そして、そこで新しい成長の中心が生まれるか生まれないのかという問題が起こっている。近年東アジアで起こったことだが、開発政策の地平に第二・第三の日本が現れて、地域的環境に決定的な効果をもつことはないのだろうか？　中国、インド、ブラジル、南アフリカ、メキシコ、アルゼンチンがそうした中心を形成する候補者名簿に載ってから、長い時間がたっている（Harborth, 1967; 1971）。最近、ナイジェリア、インドネシア、さらにパキスタンでさえその中に入りつつある。

今から五〇年先までの間に、ブラジルは長期的にも世界経済水準で重心になれる唯一真面目な選手であるように思われる。しかし、このことが起こるためには、十分な規模の国内市場を開拓できるような（数十年間延期されてきた農業改革を含む）主要な構造改革が必要であろう。なるほど、他の国々には、工業の中心を形成するために必要な人口密度や資源があるが、工業の中核自体が存在せず、発展に必要な熟練水準もない。それゆえ、第三世界の大半の国々にとっては、第三世界の内部における新しい成長の中心を優先的に志向することは、リアリティーをもった選択とはほとんどなりえない。というのも、一つの基本統計が示しているように、一九六〇年以来、第三世界内部の貿易が増大したがそのシェアは世界市場のわずか一％ほどを占めるにすぎず、しかもこのシェアが近い将来増大する見通しはまったくないからなのだ。

C　世界経済が――多極的にであれ、新しい世界経済の、またおそらくは政治的ですらあるヘゲモニー権力（日本、あるいは再度アメリカ）にもとづいてであれ――どのように発展しているかにかかわらず、もしある国の内的で潜在的な発展可能性が、世界経済の諸条件が有利であれ不利であれ、広範な基礎にもとづいて現実化されていくならば、（かつてそうであったように）未来においても発展が生じるだろう。そのことは、かつてと同じく、農業関連工業化として始まるはずの事態の基礎として、広範な農業発展を必要としているのであり、それを実現してからはじめて、自らの基盤の上に立った――しかし効率的な農業セクターと連関しつつ――工業発展が自らの活力を生み始めることが可能となるのである（Predöhl, 1971）。この選択はつねに大国によって利用されているし、小国も試みずにおく手はない。短期的もしくは長期的にどんな魅力的な輸出指向型発展も生じないならば、なおさらである。

D　最も実りある開発援助をうければ、そういった方向で発展過程を本当にスタートさせることができるだろう（Myrdal, 1981）。もっと有利な選択肢がない場合は、先に述べたことは、事実上、選択的離脱政策の事例を要約していることになる。離脱の度合いはケース・バイ・ケースであろうが（Mazrui, 1981）、発展の成功に関してその国が必要とした努力は各事例ごとに比較可能であろう。[22] この結論は以上の分析の中で示唆されている。期待に反して、またおそらくは新しい世界経済の上昇局面の結果なのだろうが、外的な枠組みをなす条件が発展過程によって万一生じるならば、なおけっこうである。そうなれば、新たな外的機会を生産的に利用するための内的基礎がおかれるはずだし、貿易は発展過程で唯一の役割を果たすであろう。その役割とは最適条件にあってもとにかく発展過程に当然属すべきものである。すなわち、かつて他の論者が的確に表現したように、「成長の侍女としての貿易」（クラヴィス）、

「エンジンでなく潤滑油としての貿易」（ルイス）として開発を援助する役割なのである。

（原田太津男訳）

註

（1）この歴史的発見は、最近の状況にもあてはまるが、*Bielefelder Entwicklungs soziologen*（1979）の理論とはきわめて対照的である。それによれば、周辺資本主義的社会構成体における前資本主義的な地域から資本主義セクターへと投入が継続されることは、資本主義的蓄積が機能するために必要なことだと解釈されている。

（2）残念ながら、比較分析を行い開発史のこうした側面を体系的に評価する専門研究はいまだに見られない。

（3）「世界市場に統合されているにもかかわらず」というのは、「端的に世界市場に統合されたせいで」というのより慎重な言い方である。なぜならば、概して統合とは周辺化に向かったからである。

（4）一般的な開発理論論争でつい看過されてしまうのは、きわめて少数の――多くの場合モノカルチャーの――商品の販売に成功することによって、まさに生産構造多様化のための刺激を削がれるという事実である。同様に、一九世紀の有利な市場機会は、とりわけラテンアメリカの生産物にとって有利であったし、またラテンアメリカと大英帝国の間の有利な交易条件を含んでいたが、生産と輸出多様化に対する動機をなくさせるものとして働いた事実に、注意はほとんど向けられていない。

（5）初期の発展ではこの社会-文化的な要因が非常に重要である。たとえば日本とブラジルとの対照的な発展経路を分析する際にその要因を重視するよう、われわれは注意してきた（Senghaas, 1977）。

（6）ブラジルの発展経路に関して行った初期の分析の多くの側面に対して、Hurtienne（1985）は批判を行い、それによってこの主題の大半が明るみに出された。と同時に、われわれが後に開発史から見つけだした発見の一つ（Senghaas, 1982; Menzel, 1987）が鮮明に描かれたのである。

（7）この点は、地理学者による初めての体系的な経済発展研究、たとえば一九世紀初期のチューネンの研究から明らかになってきた。一般的には、Predöle（1971）、現在同じ方向をとっている Hein（1971）、また Pollard（1973；1981）、Büsch（1976）がある。

（8）このことは次の二つの場合にはっきり理解できる。一つは、国内需要向けと同時に輸出向けの余剰を十分生産できるような、基本的な食糧を生産する力のある国（ミャンマー、タイのような場合が想像できよう）の場合である。もう一つは、鉱物の輸出から得た外貨を使って幅広い農業近代化の融資を行う、という場合である。

（9）引用したデータは Morawetz（1977）からのものであるが、かれの著作では主に国際機関が作成した文書が引用されている。Morawetz のデータは第三世界の大国と小国を合わせた諸国全部に言及している。その数値は両者の代表的なものだから、次の節で一般的な開発問題に目を向ける前にここであらかじめその引用を行っておく。

（10）これに続く例に関する証拠は Senghaas（1985, chapters 2, 3 & 4）に見出せる。

（11）この後者の要因に関しては Senghaas（1965）、Tibi（1981；1987）および Menzel & Senghaas（1986, chapter 2）を見よ。

（12）こうした大きな歴史的・社会的背景に関しては、次を見よ。Bairoch（1973）、Milward & Saul（1973；1977）、Bairoch（1976）、Adelman & Taft-Morris（1980）、Pollard（1981）、Schäfer（1983）。

（13）そうした研究の例は Welzk（1982）、Gregor（1979）に見だせる。さらに進んだデータに関しては Senghaas（1985：63ff.）を見よ。

（14）この発見は、*Journal of Development Studies*（XXI, 1984）の特別号に掲載されたこの三〇年間にわたる開発の努力に関する考察に一致している。

（15）この種のアプローチは、Moore（1966）、Cardoso & Faletto（1976）、Anderson（1979）、Skocpol（1979）、Wehler（1979）、Boeckh（1979）、Bendix（1980）、Elsenhans（1981）、Berg-Schlosser（1985）、Nuscheler（1985）、そして Evans, Rueschemeyer & Skocpol（1985）にも見出せる。

（16）主としてウォーラーステインの著作を批判している重要な論考として、Senghaas（1985：footnote

181, 261-62）にある指標、また Smith（1979）、Worsley（1980）、Petras（1981）、Zolberg（1981）、Gülalp（1981）、Andrews（1982）、Blaschke（1983）、Wirz（1984）、McMichael（1985）がある。とりわけ興味深いのは Schilling（1982）によるケース・スタディである。

（17）この点に関しては、Senghaas（1977：16, 59, 67, 170, 277, 278, 281, 289）を見よ。そこでは自助的発展と自給自足との同一視に対する明瞭な反論が展開されている。

（18）詳しくは、Senghaas（1977：20, 32, 57, 59, 170-171, 184-185, 215ff., 263ff., 286, 289, 357）を見よ。

（19）リスト的アプローチの文脈で日本とブラジルの比較分析をする場合、関心は初期からずっとこの点におかれてきた（Senghaas, 1977）。

（20）社会主義国のいわゆるパフォーマンス分析ではこの事実がまったく無視されている。北朝鮮、中国、キューバ、アルバニアといったような国々が放っておかれる場合、そうした分析はとりわけ疑わしいものとなる。そうした問題のある分析としてはＩＦＯの研究（Halbach, 1982）を見よ。方法論的批判としては Schumacher（1985）を見よ。よりよく評価するものとして Hemmer（1985）がある。そういった分析が好ましいのは批判的・経験科学的な分析であるためである。Morawetz（1980）、Wilber & Jameson（1982）、Wiles（1982）、White, Murrey & White（1983）、そして Bideleux（1985）を見よ。

（21）このことが得られたのは、Menzel（1985b）の中で要約された問題から利用できる論述を体系的に導入した結果である。

（22）これは、すでに詳しく論じた（1977）ように、フリードリッヒ・リストの経済理論及び発展理論と同じ方針をとるアプローチである（List, 1959；Senghaas, 1977；1979）。Seers（1983）も参照せよ。また、もっと最近では Meier & Seers（1985；353ff.）がとりあげた選択的結合と選択的離脱の政策に関する Streeten の事例を見よ。

ゼングハース論文へのコメント

サミール・アミン

ディーター・ゼングハースの「ヨーロッパの発展と第三世界」という論文は、たしかに十分な注目に値する。かれは、一方では開発の国内的な社会的条件（かれのいう「脱封建化」）を強調し、他方ではある国が積極的に自らあえて世界的交換システムに割り込んでいこうとする前向きな試行様式（かれのいう「結合-分離」associative-dessociative の対外貿易）を強調しているが、その両方がわれわれが行っている「開発」論争に必要な注意を喚起するものとなっている。というのは、この論争ではその本性上、世界システムと国家的イニシアチブとの弁証法がもたらした損害に対して一方的な立場をとることがあまりに多く、また経済的強制と社会的・政治的イニシアチブとの弁証法にも同じく一方的に反応しているからである。自分の側に向けられればあまりに一方的だと非難するような立場が、自分と逆だと思われる立場に対しては案外平気でとられるものなのだ。

ゼングハースの研究からは、少なくとも私が離脱 delinking を理解しているのと同じような意味で、離脱に対するすばらしい「簡潔な説明」を読みとることができる。私が理解した離脱とは、私の著作『離脱』*La deconnection*（1986）とそれに続く論文「国家と開発」“L'Etat et le developpment”（1987）のことである。本稿では、まず離脱に対する私の評価を示し（I）、ついでこの枠組み内で「離脱」戦略を追求しつつも、いかにして対外的な交易の舵とりをするかという論点を扱いたい（II）。それから歴史的な開発の経験（III）や現代の第三世界の実践と戦略（IV）に関する問題をいくつか提示してみたい。この作業を通じて結論では、政治的・経済的領域の諸関係に関する議論や一国国家革命の本質についての論争に立ち返ってこれればと思う（V）。

1 「離脱」概念をめぐって

ゼングハースはその研究の中で、離脱というテーマが商業的な自給自足《アウタルキー》と結びつけられることがあまりに多く、それらは同義だとさえ見なされていることに、何度も警告を発している。かれは正当にもそうした皮相な同一視に抗議し、「輸出指向」政策と「自助的」発展願望との間で必ずしも矛盾は生じない、と結論づけている。

離脱という概念を逐次精緻化していくにあたっては、ゼングハースが（セクター別付加価値シェアと雇用の間の相関度によって測られるような）生産システムの「均質化」の程度について考察している事柄が重要だと思う。なぜならば、この論点は現実的には長い歴史をもっているのに、開発論争では無視されることが多すぎたからである。早くも一九五七年に「低開発」のこうした側面を強調することによって、私は当時支配的だった「二重経済論」命題を退け、同時にその命題の基礎となって疑問視されることのない事実、つまり雇用シェアと生産シェアの格差を考慮に入れるよう努めた。二重経済論はその格差を、生産性水準を異にする、「伝統的」セクターと「近代的」セクターの並存を特徴とする構造が存在している証拠だ、と受けとめた。二重経済論はこれら両セクター間の関係を分析することには無関心であった。つまり、近代的セクターは他方の伝統的セクターからどのようにして利益を得ているのか、それゆえ「近代的」セクターが増大し「伝統的」セクターが次第に減少していくようには自ずから発展しなかったその構造が、どのように再生産されるようになったのか、の分析には無関心であった。そのかわりに、労働搾取の世界的システムに統合するよう、ある意味で「伝統を近代化する」ということが起こったのだ。

しかし、シェア計算のできるように当の生産物をどのようにして測定したのか？　この看過された問題に対して答えるために、私の分析はもう一つのもっと根本的な問題へと、測定用具である価格システムが二国間でたいていは比較可能だという事実——言い換えれば、それが国際化されたものであるという事実——からでてくる異質性の問題へと、向かうことになった。たしかに国家間の価格システム構造には相違があり、それについてはあれこれ説明されている。「先進国」間ではみな、（イタリアから合衆国、日本からスウェーデンまで）生産シェアと雇用シェアの相関関係を特徴としており、また「低開発諸国」はみな、ルワンダのように農業国であれブラジルのような準工業国であれ、またサウジアラビアのような富国であれミャンマーのような貧国であれ、両シェアの格差を特徴としている。しかし、価格システムに相違があるといっても、「開発諸国」と「低開発諸国」との間で対比することにまったく意味がなくなるほど、その違いは大きくはなかろう、というわけである。こうして二重経済論は、価格システムの国際化を経済的合理性の高度な表現として受け入れ、このシステムから脱出するということは、「社会主義」諸国がやったように、やみくもに合理性から脱出し非合理のカオスに足を踏み入れることになる、というのである。何度このような議論を耳にしてきたことか！　経済的合理性の背後には経済を監視する社会システムの合理性があると考えることは、おそらくブルジョア的思考には馴染みのないことなのであろう。

まさにそのような考察から出発して、資本主義システムの国際価格システムがもつ「合理性」への従属を拒み、それにもとづいて私は離脱の定義を選んだのであるから、対外貿易の相対量という通俗的な経験的尺度と私の定義はまったく何の関わりもない。そしてまた私がこの定義からはずれたことは一度もない。ただ『マオイズムの未来』(一九八三年)でその意味を厳密化し、一連の価値観のうちにある「合理性」概念に対して特定のシステムの階級構造を結びつけようとしたことはある。こうして、世界システムの論理が要求する単純な「調節」を拒む必要があったので、「発展」の定義を選んだのである。この選択は明らかに発展の社会的内容(つまり資本主義であるとか社会主義であるとかいう規定)に関係がないわけではなく、(実用的であり曖昧でもある言葉をわざと用いれば)「対外貿易関係の強化」という社会的内容にも無関係ではない。だが、やはりそれらと同じものではないのだ。

それゆえ残念なのは、ゼングハースがわれわれの一般的な考察に隠された論理を実行に移さず、相対的な対外貿易の相対量にもとづいて「統合」の経験的な尺度を使うのが有用だと考え、しかもその尺度を使い過ぎたことである。だからかれは、世界システムの諸小国ほど諸大国は「統合されて」いないという結論を出せたのである。だが、この結論は欺瞞的である。資本主義世界においては両者は(「合理性」を基準にする同じシステムを受け入れているかぎり)同程度に「統合されて」おり、しかもこの(同等の)統合の帰結は大国よりも小国にとってずっと大きいことが時にはあるのだ。他方、ソ連でも中国やハンガリーでも「統合」は進んでいないが、それはそういった諸国が世界価格の「合理性」を認めてはいないからである。たとえそれら諸国のイデオロギー論争のため、この事実が見えにくくなっているとしても、そうなのである。これら諸国は、当の離脱が大国(ソ連、中国)に比べて小国(ハンガリー)ではずっと大きな緊張を生み出すことがあるにしても、そろって離脱しているのだ。たしかに規模には実際的な有利・不利があるが、それとこれは別問題である。

2　離脱戦略と対外貿易

われわれが提起した理論的シェーマの中で、対外貿易とその内的発展との接合問題をどのように考えればよいのか？　ゼングハースはこの問題のプラグマティックな処理方法を提出したが、かれの考えでは中心的に分析されるべきものは次の三点である。

(一)「エンクレーブ」型輸出セクターをもつ国民経済と、輸出セクターが統合されている国民経済との間には相違がある。後者でいう統合とは、輸出産業と他の生産的産業との前方および後方連関が強いということである。

(二)自助的開発戦略には、対外経済関係で国家が果たす積極的な役割、つまり選択可能な様々な方法の中から世界分業に組み込まれる方法を選ぶ役割が含まれている。自分の打ちだした「結合-分離」戦略には静態的でなくかなり動態的な比較優位があるとかれは強調し、昔のリストの議論を復権させている。この戦略を「輸入代替」や「輸出主導型成長」に還元することはできない。(自給自足《アウタルキー》の同義語と見られる)純粋で単純素朴な離脱とたぶん対照させているのであろうが、ゼングハースは時々、結合-分離戦略を「選択的離脱」と呼んでいる。

(三)ここに打ちだされた選択的離脱、つまり自生的発展の手段が効を奏するのは、ひとえに所得分配の不平等がきわめて小さい――このことは先行する社会の「脱封建化」を意味している――といった特徴をもつ社会的環境の中で、発動される場合にかぎられる。

私としてはこのことに関して、つまりかれの方法（問題への「プラグマティック」な接近方法）にもかれが打ちだした三つの命題にも、異存はない。三番目の重要な命題には後にかえることになろう。というのも、実際、第三の命題でいうような適切な社会的変容がないと、輸出セクターを他の国内的活動に結合させようとする試み（命題一）は、ただ工業化をテクノクラート的に練習するだけのこと――それは結局うまく作用しない――にしかならないのも、至極当然のことであるからだ。諸工業が「投入・産出マトリックスの密度をあげる」という事実をもって「工業化」だとする命題は、おそらくそのような過度にテクノクラート的な（それゆえ政治的・社会的には不十分な）開発の選択に対する見方を示す事例である。「ポスト資本主義」と私の呼ぶ長期的移行（この論点には後で戻るが）によって引き起こされた具体的な問題の本性からいって、離脱は選択的であらねばならないのだから、われわれが望んだ離脱を「選択的」と呼べない理由はないと思う。選択的であってもそうでなくても、離脱戦略には、内的社会的発展の論理にもとづく経済的合理性（つまり「価格」）という基準をもった一つのシステムを選択することが含まれている、と私は言いたいにすぎない。この選択によって、国際化された資本主義の合理性と内的社会的発展の論理にもとづく経済的合理性が闘争状態に入る場合でも、そうなのである。システム選択の問題は、たんに、特化する生産物を「抜け目なく」選択し、世界システムの中で好ましい位置にいようと選択する、というようなものではない。したがって、世界システムにおける統合の曖昧な定義を利用したために、ゼングハースの第二の命題は紛らわしく不適切なものにとどまっているように私には思える。

3　多様な開発パターン

それでは、国民経済の建設と調和した世界システムへの編入をうまくアレンジできたのはどんな国か？　さらにその編入に——ゼングハースの言い方を借りると——「周辺化」がともなった国々はどれなのだろうか？　第一のグループについてかれの出した一覧表には、スカンジナビア、いくつかの定住植民地（カナダ、オーストラリア、等々）、そして「第三世界の他の数カ国」が含まれている。そこからわかるのは、一九世紀中に大英帝国の産業独占に挑戦し、大英帝国を模倣したあらゆるヨーロッパ諸国（加えて日本と合衆国）を、このカテゴリーの中に入れることができるということである。現代の第三世界諸国に関して言えば、セングハースはこのグループとして中国、韓国、台湾、そして（どれか一国というのではなく）「OPECの数カ国」をあげている。かれのいうことからはまた、このカテゴリーにブラジル全体ではないにせよ少なくともサンパウロ地区が含まれていることがわかる。言い換えれば、これら諸国は、「脱封建化」過程ののちに「再分配をともなう成長」に成功した諸国（もしくはそうした諸国の諸地域）であると言われているのである。

この一覧表に異議はない。それにもかかわらず、まるで無制限な「自由」を手にした支配的な社会権力（そしてその権力が独立の実体として存在している地方の州）によるかのように、それらの成功に貢献する諸要因を、開発の選択という「技術」レベルで説明することはできない。したがって、内的なダイナミックス（社会勢力、権力、イデオロギー等々の相互作用）が「それだけで」成功するか失敗するか（世界システムにおける周辺化）の決め手になると思う。そのような内的ダイナミックスを無視するような考え方は、関係の半分にしか重要性を与えないことによって、一国／世界システムの弁証法を曖昧にする一面的な立場を示す好例だと思われる。

実際、国民経済の建設に成功したグループの諸国はまったくまとまりに欠けており、私見では、互いにまったく異なる三つの歴史的状況を含んでいる。

先進資本主義諸国（程度の差はあるがOECD諸国、つまり西ヨーロッパ、合衆国、日本、カナダ、オーストラリア、ニュージーランド）はみな、一九世紀中に独立した資本主義の自律的中心部（つまりブルジョア国民国家）になった。その中には農民と同盟を結びブルジョア革命という手段によってやっとのことで封建的なアンシャン・レジームを一掃したものもあるし（その典型例はフランスである）、新興のブルジョア階級に権力を委譲する政治革命ののち、漸進的にそうしたものもある（こちらの方が多数派である。イギリス、ドイツ、日本は、それぞれ、この種のあい異なるモデルをなす）。最後に、一掃すべきどんな「封建的」遺産もなしに自らの構造を創出したものが数カ国あった（定住植民地）。いかなる場合においても、これら諸国はみな、「世界システム」——当時はイギリスが支配していた——と、どの面でも「断絶」することとなしに、ブルジョア的国民国家の形をとっていったのである。いや、「断絶」するどころではない！　それら諸国は、（帝国主義的拡張による場合もあったが）「侵略」政策によって世界システムへの参入をいっそう進めさえした。これら諸国に対しては、「結合-分離」商業政策というゼングハースの表現はまったく正しいように思われる。こうした政策に「選択的離脱」を見るのではなく、むしろ当該国が効果的にコントロールする世界的交換への参加をみるならば、の話ではあるが。というのも、純粋に資本主義的に行う以外のやり方で判断をくだす国はこれらの中には一つもなかったし、みな「世界価格システム」を参照すべきだと考えていたからである。

なるほど、当時はこのシステムが今日ほどは進んでいなかった。それゆえ、農産物・局地的原料（石炭、鉄）と工業製品との国内的交易条件は、今日のそれよりも、国別の相違が大きかった。国家間での製品競争はまだ限定されていた。一国の鉱工業はまだ、主として地方ごとに存在していた。この事実から、それらの国々が、今日で言う「相互依存」の中で相対的に自律していたことがわかる。ヘゲモニーを握る社会的同盟の支配的な部分が享受していた自律の度合いはのちに比べると相当大きなものだったので、たとえば土地所有者や富農とブルジョアジーが同盟を結ぶこともできたのであった。

ゼングハースの行った考察にはポイントが二つある。私の考えでは、これは右の世界的なシェーマに当てはまる。第一に、ヨーロッパは当時、主要な工業原料（とりわけ石炭と鉄）をいくつか生産していたということである。加えてこうした資源が生産地で所有されていたことを述べておきたい。第二に、世界システムは当時「単一の中心部をもっていた」のであり、当初は大英帝国が唯一、世界の工場の役割を果たしていたということである。生まれつつあった新しい中心部はこの独占に少しずつ挑戦していくこととなったが、この挑戦は、今日における世界資本主義の中心部グループのずっと強力な独占に挑戦することに比べれば、かなりたやすいことであった。

まったく特徴的なことだと思うが、大英帝国はあらゆる手をつくして、独立した中心部が現れないようにしていた。しかし、一八一五年に設立された「勢力均衡」のシステムによって押しつけられた軍事関係のため、ヨーロッパで大英帝国がとれる手段はかぎられていた。他方、七つの海を支配していたがゆえに、大英帝国は、そして大英帝国だけが、中東、アジア、ラテンアメリカと望む場所に効果的に干渉できたのだった。論争相手はほとんどいつもこの面を看過してきたが、私はこれこそ重要だと思う。たとえば、一八四〇年、エジプトに反対して大英帝国が組織したヨーロッパ連合による干渉は、エジプトの資本主義的近代化が流産する決め手となった。

ラテンアメリカが独立していたにも関わらず「自己周辺化」してしまったという事実に関してゼングハースがくだした結論に、私の方で二言三言つけ加えたいと思う。ラテンアメリカの場合（あるいはラテンアメリカの数カ国の場合）には多くの特殊性があり、疑う余地なくアジアや中東やアフリカの場合とは違っている。その文化はヨーロッパ化されたものだし、従属は（イギリスの支持を受けた）クリオールの仕事だったし、モンロー主義（または合衆国の干渉。ちなみに合衆国がメキシコの半分を征服したことが忘却されることがあまりに多いことには注意）と支配的なイギリスの利害との相互関係が存在した、という事実は、輸出特化地区の重要性に優るとも劣らないほどに、そろってラテンアメリカの現実の一部なのである。そうした状況下に、イギリス資本が大土地所有者《ラティフンディア》の寡頭政治と結んだ同盟は――とくにアルゼンチンでは、メキシコやペルーとは異なり、「前資本主義的」（インディオ的）遺産と強い重商主義が存在しなかったにもかかわらず「自己周辺化」した最も重要な例が見られるが――考慮すべき事柄なのであって、ラテンアメリカの「周辺化」を分析するには無視できないものなのだ。この同盟のせいで、地域的に入り込んだ別種の社会的同盟がますます厳しく問題視されるようになったのである。

最後に私が主張しておきたい事実とは、これらブルジョア国民国家の建設はすべてヨーロッパ文化圏で生じたし（例外は日本）、しかも一九世紀末に起こった（レーニンの言う）帝国主義の一時的分割が生じる前の話だった、ということである。思うに、ゼングハースはこの一時的分割を過小評価している。その成果を説明すると次のようになる。つまり、この一時的分割の前には（もちろん内的な条件が存在し、外国の干渉によってもその条件が撹乱されない場合の話であるが）新しいブルジョア国民国家を建設することはできなかったし、同時にまた世界資本主義システムへの統合も深まっていたのである。この一時的な分割ののちでは、矛盾が深化したので、もはや世界システムと訣別せずに国民国家を形成すること（したがって国民経済を建設すること）はもはや不可能となった。そういうわけでこうした国家は、もはや言葉の十全な意味で「資本主義的」ではありえなかった。私は、そうした国家が社会主義化すべきであったとは言っていないし、それが可能だったとも言ってはいない。ただ「ポスト資本主義的」な時代へと突入したと言っているにすぎないのだ。

中国の場合は事情がまったく異なっている。中国は反資本主義的革命によって周辺化の鎖を断ち切ったが、そのことを考慮してはじめて中国の事例の重要性とメカニズムが理解できると思う。中国は「ポスト資本主義的」な時代（社会主義建設の時代について述べているのではない）へと出発したのであり、当然「ポスト資本主義」の矛盾の関数であるこの過程の移り変わりがどのようなものであれ、この「ポスト資本主義的」な時代に出発することによって完全に離脱を行ったのであった。

ゼングハースが現代資本主義の周辺部に関して触れている「成功」例は、韓国、台湾、サンパウロ地区（ブラジル全土ではない）、「OPECの数ヵ国」（どの国かは特定されていない）でしかない。その国々が「成功」したのは相対的に平等主義的な分配構造（「脱封建化」）があったからだという基本的な主張に関しては、ゼングハースに賛成である。しかし、指摘しておきたいのは、特殊で例外的な理由から西側帝国主義が社会改革を大目に見、いやそれどころか社会改革を支持したり、それに反対しない場合があったという事実のおかげで、格別に好都合な地域を見つけだした、ということである。北朝鮮（そして朝鮮戦争）と共産主義中国が存在しなかったら、韓国と台湾で農業改革が進展し、両国がこれほど自立するようなことは考えられなかったであろう。（このことは別の機会に論じたが）おそらくはイデオロギー的文脈（儒教）も、ここでは比較的有利に作用したのだろう。

「サンパウロ地区」も周辺資本主義システムの中ではおそらく例外であろう。自然法則のように働く「一般法則」が歴史に存在するとは思えない。というのも、こうした「一般法則」なるものは、考察している支配的な社会諸力が結合する際に生まれる、確率のいちばん高いものの表現でしかないからである。例外というもの、すなわちこれら諸力のいろいろな結合は、それゆえ、一つひとつの具体的な結合のもつ特殊性と結びついた可変性を究極的に表現するものなのである。

とはいえ、これらの「例外」に入ると言えるほどのOPEC諸国は一つもないと思う。

4 人民による権力と離脱

現代資本主義の周辺部に関していえば、もっぱら（私がこの概念に与えた意味での）離脱戦略をとっている周辺部はどこにもないと見るのが正しいように思われる。ここから結論として、その戦略では（低開発という）周辺部が抱える「問題を解決すること」はできないといえよう。最も活発な論争の対象となるのは、とりわけこの結論、言い換えれば資本主義的な道を進んでもどうにもならないという結論なのである。

この重要な点に関しては、ゼングハースと私の結論は同じだと思われる。ブラジルは社会的大改革を実行すれば発展できるだろう、とかれは言う。この言葉に反対する者がいるだろうか？　ブラジルが中国のような社会革命を行えば、まったく新しい可能性が開けるのは確実であろう。だが、真の問題はそこにはない。真の問題は、ブルジョアジーに必要な改革を実行する力があるかどうか、そして／あるいは、その改革に失敗した場合、純粋に資本主義的な発展過程によって激烈きわまる社会的不均衡を逐次解消していけるのかどうか、を知ることである。私はこの問いにかつて否定的に答えた。「国家と開発」（一九八七年）の中で、私はとりわけ、ブラジルで軍事独裁の後を継いだ民主主義体制が行き詰まった点を論じた。「ブラジルの奇跡」は、この独裁にしばらくの間「合法性」を与え、世界銀行もこれをたいへん熱烈に礼讃していた。しかしこうした事態は、社会的不平等（ゼングハースが要求していた「脱封建化」の正反対物）を強化してはじめて可能なのであった。巨額の対外債務からわかるのは、大国においてさえ（まして小国の場合にはなおさら）この種の発展には弱点があるということである。民主主義的体制は社会的大改革を実行し、その後で（私の言う意味での）離脱政策を要求し、人民に支持されたブラジルがその後で西欧帝国主義との公然たる闘争に入っていくのか、そうでなければ、こうした道にそって進むのを拒否し、結局世界システムの厳命 diktat に服従して人民の支持を失うのか、どちらかである。本当のところ、ブラジルのブルジョアジーは西側と戦い、人民が本当に権力に参加できるよう門戸を開放する勇気がないと私は思っている。この意味で、発展していくには（必ずしも社会主義的ではない）人民の権力と離脱とが一方で必要なのだ。

さらにゼングハースが私と同じ考察をしているのは、第三世界の権力の座にあるブルジョアジーの向から戦略が人民の権力によるものではないという点である。実際には、人民の権力のみが、必要とする離脱をなし遂げられるのだ。(新国際秩序などの)世界システムの改革戦略の試みに関してかれが行った批判的分析は、私の分析と似かよっている。離脱を避け、(「ベーシック・ニーズ」戦略等々の)社会改革を推進することが可能だと思っている西側の善意の人々の無邪気な提案についてかれが与えた批判も、私の批判とそっくりである。『離脱』(一九八六年)を読めば、世界システムに対する国内的な改革/闘争の弁証法がもっている、戦略的・戦術的諸側面に関して議論されていることに気づいてもらえるであろう。

最後に、世界資本の拡張に完全に統合された資本主義的発展の「可能性」——そしてその特徴——をよくよく考えてみると、この論争に参加している欧米人が政治的障害をかなり過小評価しがちであることに気づく。ゼングハースもまたこの弱点をもつという罪を犯していはしないか?「世界市場の与える可能性」を主張するときに、かれは問題の政治的側面にあまり目をやっていないように思われるのだ。

5 「ポスト資本主義」か「社会主義」か

急ぎ足ではあったが、ここで結論を出すとしよう。

発展とは(ゼングハースがこの用語を用いる広い意味では)「脱封建化」のことであるにちがいない。だが、私のほうで付け加えておきたいのは、この用語の意味する根底的変化は、(1)現地のブルジョアジー（広義の）の庇護の下では達成できないし、(2)西側での深い政治的対立を引き起こすであろうし、(3)だから「離脱」的発展様式を必要とする、ということである。

「ナショナリスト」だと非難される危険を再び犯してでも私が主張したいのは、この三点を考慮すべきだということである。西側では、自分たちに献身的な体制が、しかもそういった体制だけが、好まれる。アカデミックな制約を感ずるあまり使用を避けることが多い用語だと思うが、そういった体制を私は「下男」lackeys と是非呼びたい。西側が尊敬するのは、――とりわけアフリカやアジアといった、文化を共有していない大陸では――ただ、その状態に反抗する人、つまり不可避の戦争を行う勇気のある人だけである。現地のブルジョアジーにはこれを行う能力がない。

こういうと、社会主義を選択するのだけが唯一役立つ選択だといっていることになるだろうか？　ここではこの問題を再度とりあげる余地がないし、これはゼングハースの研究の主要論点でもない。私に関しては、世界的規模での資本主義の拡張に内在する不均等が意味するのは、この社会形態との「断絶」はそのシステムの周辺部にだけ可能なのであって先進的中心部には不可能であるということだ、というテーマを別のところで論じたことがある。私の結論はまた、「ポスト資本主義」とは「社会主義の建設」と同義ではないということであった。むしろその内容は、(1)離脱の必要（そしてそれゆえに「国民的」な性格をもつ）という意味で、また(2)私の言う社会主義的、一国資本主義的、国家主義的な三つの傾向の間での長期にわたる闘争という意味で、人民的かつ国民的なものであった。

ゼングハースの研究では、簡単にではあるが「ポスト資本主義」に含まれる問題点が二、三議論されている。社会主義システムの「硬直性」についてかれが言っていることには、（たとえば、ソ連より中国やハンガリーの方がフレキシブルであるといった点に関しての）様々な特殊なコメントと同様、私はだいたいにおいて賛成している。しかしながら、ゼングハースが（多かれ少なかれ「開放」された）対外世界への関係の仕方をフレキシビリティーの度合いとを結びつけているように思われるのに対して、私としては、すでに述べた三つの傾向の内的な力関係をとにかく強調したいと思う。

「開発」論争を行えば、必然的にいっそう先の論点に進み、さらに根本的には国家（つまり国家と人民の関係、市民社会と前衛およびインテリゲンチャの関係）に関わる論点に行き着かざるをえなくなるものだ。もちろん、この後者の一連の論点はゼングハース論文の直接の主題ではなかった。だから、こうした問題はその入口で立ち止まり、コメントは差し控えることにしよう。

（原田太津男訳）

＊ 原文は仏文からの英訳である。

■ゼングハース論文へのコメント■

Amin, Samir (1983). *The Future of Maoism*. New York: Monthly Review Press.
〔野口祐訳『マオイズムの未来』第三書館〕
Amin, Samir (1986). *La déconnexion: pour sortir du système mondial*. Paris: La Découverte.
Amin, Samir (1987). "L'Etat et le développement," *Socialism in the World*, XI, 58, 29-49.

pendency Theory," *World Politics,* XXXI, 2, Jan., 247-88.
Smith, Sheila & Toye, John (1979). "Introduction: Three Stories about Trade and Poor Economies," *Journal of Development Studies,* XV, 3, Apr., 1-18.
Staniszkis, Jadwiga (1979). "On Some Contradictions of Socialist Society: The Case of Poland," *Soviet Studies,* XXXI, 2, Apr., 167-87.
Sunkel, Oswaldo (1978). "La dependencia y la heterogeneidad estructural," *El Trimestre Económico,* XLV, 1, 3-20.
Tibi, Bassam (1981). *Die Krise des modernen Islam.* München: Beck.
Tibi, Bassam (1985). *Der Islam und das Problem der kulturellen Bewältigung sozialen Wandels.* Frankfurt: Suhrkamp.
Tilly, Charles (1983). "Flows of Capital and Forms of Industry in Europe, 1500-1900," *Theory and Society,* XII, 2, Mar., 123-42.
Voigt, Hans-Gerhard (1969). *Probleme der weltwirtschaftlichen Kooperation.* Hamburg: Hoffman & Campe.
Wallerstein, Immanuel (1974). *The Modern World-System,* I: *Capitalist Agriculture and the Origins of the European World-Economy in the Sixteenth Century.* New York: Academic Press.
〔川北稔訳『近代世界システム』I・II，岩波書店〕
Wallerstein, Immanuel (1980). *The Modern World-System,* II: *Mercantilism and the Consolidation of the European World-Economy, 1600-1750.* New York: Academic Press.
Watkins, M. H. (1967). "A Staple Theory of Economic Growth," in W. T. Easterbrook & M. H. Watkins, eds., *Approaches to Canadian Economic History.* Toronto: Carleton Univ. Press, 49-73.
Wehler, Hans-Ulrich (1975). *Modernisierungstheorie und Geschichte.* Göttingen: Vandenhoeck & Ruprecht.
〔山口定・坪郷実他訳『近代化理論と歴史学』未来社〕
Wehler, Hans-Ulrich, ed. (1979). *Klassen in der europäischen Sozialgeschichte.* Göttingen: Vandenhoeck & Ruprecht.
Welzk, Stefan (1982). *Entwicklungskonzept Planwirtschaft—Paradigma Rumänien.* Saarbrücken: Breitenbach.
White, Gordon (1984). "Developmental States and Socialist Industrialization in the Third World," *Journal of Development Studies,* XXI, 4, July, 97-119.
White, Gordon; Murray, Robin & White, Christine, eds. (1983). *Revolutionary Socialist Development in the Third World.* Brighton: Wheatsheaf.
Wilber, Charles K. & Jameson, Kenneth P., eds. (1982). *Socialist Models of Development.* Oxford: Pergamon.
Wiles, Peter, ed. (1982). *The New Communist Third World. An Essay in Political Economy.* New York: Croom Helm.
Wirz, Albert (1984). *Sklaverei und kapitalistisches Weltsystem.* Frankfurt: Suhrkamp.
Woodruff, William (1966). *The Impact of Western Man: A Study of Europe's Role in the World-Economy, 1750-1960.* New York: St. Martin's.
Worsley, Peter (1980). "One World or Three: A Critique of the World System of Immanuel Wallerstein," in R. Miliband & J. Saville, eds., *The Socialist Register, 1980.* London: Merlin, 298-338.
Zapf, Wolfgang (1971). *Theorien des sozialen Wandels.* Köln: Kiepenheuer & Witsch.
Zolberg, Aristide R. (1981). "Origins of the Modern World System: A Missing Link," *World Politics,* XXXIII, 2, 253-81.

gefälle. Eine entwicklungstheoretische Analyse der Wirkung von Freihandel und Protektionismus auf Aussenhandel und wirtschaftliche Entwicklung," in A. Schüller & U. Wagner, eds., *Aussenwirtschaftspolitik und Stabilisierung von Wirtschaftssystemen*. Stuttgart: Gustav Fischer, 81-97.

Röpke, Jochen (1982). *Die unterentwickelte Freiheit*. Göttingen: Vandenhoeck & Ruprecht.

Röpke, Jochen (1984). "Von den Schwellenländern Ostasiens lernen!," *Leviathan*, XII, 2, 284-93.

Rostow, Walt W. (1960). *The Stages of Economic Growth*. Cambridge: Cambridge Univ. Press. 〔木村健康他訳『経済成長の諸段階』ダイヤモンド社〕

Rostow, Walt W. (1975). *How It All Began: The Origins of the Modern Economy*. New York: McGraw-Hill.

Rostow, Walter W. (1985). "The World Economy Since 1945: A Stylized Historical Analysis," *Economic History Review*, XXXVIII, 2, May, 252-75.

Rothermund, Dietmar (1983). *Die Peripherie in der Weltwirtschaftskrise: Afrika, Asien und Lateinamerika, 1929-1939*. Paderborn: Schoningh.

Saslawskaja, Tatjana I. (1984). "Die Studie von Nowosibirsk," *Osteuropa Archiv*, Jan., 1-25.

Schäfer, Hans-Bernd (1983). *Landwirtschaftliche Akkumulationslasten und industrielle Entwicklung*. Berlin: Springer.

Schilling, Heinz (1982). "Die Geschichte der nördlichen Niederlande und die Modernisierungstheorie," *Geschichte und Gesellschaft*, VIII, 4, 475-517.

Schmitz, Hubert (1984). "Industrialisation Strategies in Less Developed Countries: Some Lessons of Historical Experience," *Journal of Development Studies*, XXI, 1, May, 1-21.

Schölch, Alexander (1982). "Agypten in der ersten und Japan in der zweiten Hälfte des 19. Jahrhunderts; ein entwicklungsgeschichtlicher Vergleich," *Geschichte in Wissenschaft und Unterricht*, VI, 6, 333-46.

Schultz, Theodore W. (1986). *In Menschen investieren*. Tübingen: Mohr-Siebeck.

Schüller, Alfred, ed. (1983). *Property Rights und ökonomische Theorie*. München: Vahlen.

Schumacher, Dieter (1985). "Marktwirtschaft: Kein Patentrezept für Entwicklungsländer," *DIW—Wochenbericht*, No. 48.

Schumpeter, Joseph (1961). *The Theory of Economic Development*. Cambridge: Harvard Univ. Press.
〔塩野谷祐一他訳『経済発展の理論』岩波書店〕

Seers, Dudley (1983). *The Political Economy of Nationalism*. Oxford: Oxford Univ. Press.

Senghaas, Dieter (1965). "Politische Innovation. Versuch über den Panafrikanismus," *Zeitschrift für Politik*, XII, 4, 333-55.

Senghaas, Dieter (1977). *Weltwirtschaftsordnung und Entwicklungspolitik. Plädoyer für Dissoziation*. Frankfurt: Suhrkamp.

Senghaas, Dieter, ed. (1979). *Kapitalistische Weltökonomie. Kontrovesen über ihren Ursprung und ihre Entwicklungsdynamik*. Frankfurt: Suhrkamp.

Senghaas, Dieter (1982). *Von Europa lernen. Entwicklungsgeschichtliche Betrachtungen*. Frankfurt: Suhrkamp.

Senghaas, Dieter (1985). *The European Experience: A Historical Critique of Development Theory*. Dover, NH: Berg.

Senghaas, Dieter (1986). *Die Zukunft Europas. Probleme der Friedensgestaltung*. Frankfurt: Suhrkamp.

Senghaas, Dieter & Menzel, Ulrich (1976). *Multinationale Konzerne und Dritte Welt*. Opladen: Westdeutscher.

Skocpol, Theda (1979). *States and Social Revolutions*. Cambridge: Cambridge Univ. Press.

Smith, Tony (1979). "The Underdevelopment of Development Literature: The Case of De-

Totowa, NJ: Rowman & Littlefield.
Moore, Barrington (1966). *Social Origins of Dictatorship and Democracy.* Boston: Beacon.
〔宮崎隆次・森山茂徳他訳『独裁と民主政治の社会的起源』1．2．岩波書店〕
Morawetz, David (1977). *Twenty-five Years of Economic Development, 1950–1975.* Washington: World Bank.
Morawetz, David (1980). "Economic Lessons from Small Socialist Developing Countries," *World Development,* VIII, 5-6, May/June, 337-70.
Mundle, Sudipto (1985). "The Agrarian Barrier to Industrial Growth," *The Journal of Development Studies,* XXII, 1, Oct., 49-80.
Myrdal, Gunnar (1974). *Ökonomische Theorie und unterentwickelte Regionen – Weltproblem Armut.* Frankfurt: Fischer.
North, Douglass C. & Thomas, Robert Paul (1970). "An Economic Theory of the Growth of the Western World," *Economic History Review,* 2d ser., XXIII, 1, 1-17.
Nove, Alec (1983). *The Economics of Feasible Socialism.* London: Allen & Unwin.
Nurske, Ragnar (1953). *Problems of Capital Formation in Underdeveloped Countries.* Oxford: Oxford Univ. Press.
〔土屋六郎訳『後進諸国の資本形成』巌松堂出版〕
Nuscheler, Franz (1985). *Dritte Welt-Forschung. Entwicklungstheorie und Entwicklungspolitik* (PVS, *Sonderheft* 16). Opladen: Westdeutscher.
Nuscheler, Franz & Ziemer, Klaus (1980). *Politische Herrschaft in Schwarzafrika. Geschichte und Gegenwart.* München: Beck.
Nuti, Domenico Mario (1979). "The Contradictions of Socialist Economies: A Marxian Interpretation," in R. Miliband & J. Saville, eds. *The Socialist Register, 1979.* London: Merlin, 228-73.
Ochel, Wolfgang (1982). *Entwicklungsländer in der Weltwirtschaft. Eine problemorientierte Einführung mit einem Kompendium entwicklungstheoretischer und -politischer Begriffe.* Köln: Bund.
O'Donnell, Guillermo (1973). *Modernization and Bureaucratic Authoritarianism.* Berkeley: Univ. of California, Institute of National Studies.
Perez, Carlota (1985). "Microelectronics, Long Waves and World Structural Change: New Perspectives for Developing Countries," *World Development,* XIII, 3, March, 441-63.
Petras, James (1981). "Dependency and World System Theory: A Critique and New Directions," *Latin American Perspectives,* VIII, 30-31, 148-56.
Petras, James (1984). "Towards a Theory of Industrial Development in the Third World," *Journal of Contemporary Asia,* IV, 2, 182-203.
Pollard, Sidney (1973). "Industrialization and the European Economy," *Economic History Review,* 2d ser., XXVI, 4, 636-47.
Pollard, Sidney (1981). *Peaceful Conquest: The Industrialization of Europe, 1760–1970.* Oxford: Oxford Univ. Press.
Predöhl, Andreas (1971). *Aussenwirtschaft.* Göttingen: Vandenhoeck & Ruprecht.
Raumolin, Jussi (1985). "The Impact of the Forest Sector on Economic Development in Finland and Eastern Canada," *Fennia. Geographical Society of Finland.* CLXIII, 2, 395-437.
Rode, Reinhard (1986). "Hochtechnologie: Ein Januskopf," *Aus Politik und Zeitgeschichte,* No. 2, Jan., 3-14.
Röpke, Jochen (1978a). "Der Einfluss des Weltmarktes auf die wirtschaftliche Entwicklung," in H. Giersch, et al., eds., *Weltwirtschaftsordnung und Wirtschaftswissenschaft.* Stuttgart: Gustav Fischer, 30-52.
Röpke, Jochen (1978b). "Probleme des Neuerungstransfers zwischen Ländern unterschiedlicher Entwicklungsfähigkeit," *Ordo,* XXIX, 245-79.
Röpke, Jochen (1980). "Weltwirtschaftliche Arbeitsteilung bei internationalem Kompetenz-

Welt?. Freiburg/Würzburg: Ploetz.
Jacobs, Jane (1984). *Cities and the Wealth of Nations: Principles of Economic Life.* New York: Random House.
〔中村達也・谷口文子訳『都市の経済学』ＴＢＳブリタニカ〕
Kaplinsky, Raphael (1984). "The International Context for Industrialisation in the Coming Decade," *Journal of Development Studies,* XXI, 1, Oct., 76-96.
Kaplinsky, Raphael (1985). "Does De-industrialisation Beget Industrialisation which Begets Reindustrialisation?" *Journal of Development Studies,* XXII, 1, Oct., 227-42.
Kindleberger, Charles P. (1967). *Foreign Trade and the National Economy.* New Haven: Yale Univ. Press.
〔山本登監訳『外国貿易と国民経済』春秋社〕
Kravis, Irving B. (1970). "Trade as a Handmaiden of Growth. Similarities between the Nineteenth and Twentieth Centuries," *The Economic Journal,* LXXX, Dec., 850-72.
Kriedte, Peter (1980). *Spätfeudalismus und Handelskapital.* Göttingen: Vandenhoeck & Ruprecht.
Kurth, James R. (1979). "Industrial Change and Political Change. A European Perspective," in D. Collier, ed., *The New Authoritarianism in Latin America.* Princeton: Princeton Univ. Press, 319-62.
Leontief, Wassily (1963). "The Structure of Development," *Scientific American,* CCIX, 3, 148- 66.
Levin, Jonathan, V. (1960). *The Export Economies.* Cambridge: Harvard Univ. Press.
Lewis, William Arthur (1954). "Economic Development with Unlimited Supplies of Labour," *The Manchester School of Economic and Social Studies,* XXII, 2, 139-91.
Lewis, William Arthur, ed. (1970). *Tropical Development, 1880-1913.* London: Allen & Unwin.
Lewis, William Arthur, (1978). *Growth and Fluctuations, 1870-1913.* London: Allen & Unwin.
Linder, Staffen (1986). *The Pacific Century. Economic and Political Consequences of Asian-Pacific Dynamism.* Stanford: Stanford Univ. Press.
Lipton, Michael (1977). *Why Poor People Stay Poor: Urban Bias in World Development.* Cambridge: Harvard Univ. Press.
List, Friedrich (1959). *Das nationale System der politischen Ökonomie.* Tübingen: Mohr-Siebeck.
〔小林昇訳『経済学の国民的体系』岩波書店〕
Lorenz, Detlef (1967). *Dynamische Theorie der internationalen Arbeitsteilung.* Berlin: Dunker & Humblot.
Lutz, Burkart (1984). *Der kurze Traum immerwährender Prosperität. Eine Neuinterpretation der industriell-kapitalistischen Entwicklung im Europa des 20. Jahrhunderts.* Frankfurt: Campus.
McMichael, Philip (1985). "Class Formation in a World-Historical Perspective: Lessons from Australian History," *Review,* IX, 2, Fall, 275-303.
Meier, Gerald & Seers, Dudley, eds., (1984). *Pioneers in Development.* Oxford: Oxford Univ. Press.
Menzel, Ulrich (1980). "Autozentrierte Entwicklung in historischer Perspektive. Dogmengeschichtliche und typologische Aspekte eines aktuellen Konzepts," in K. M. Khan, ed., *Self-Reliance als nationale und kollektive Entwicklungsstrategie.* München: Weltforum, 33-65.
Menzel, Ulrich (1985a). *In der Nachfolge Europas. Autozentrierte Entwicklung in den ostasiatischen Schwellenländern Südkorea und Taiwan.* München: Verlag Simon & Magiera.
Menzel, Ulrich (1985b). "Lange Wellen und Hegemonie. Ein Literaturbericht," unpubl. research report from the "Hegemonie-Krise und Kriegswahrscheinlichkeit" project, Bremen.
Menzel Ulrich (1987). *Auswege aus der Abhängigkeit. Die entwicklungpolitische Aktualität Europas.* Frankfurt: Suhrkamp.
Menzel Ulrich & Senghaas, Dieter (1986). *Europas Entwicklung und die Dritte Welt. Eine Bestandsaufnahme.* Frankfurt: Suhrkamp.
Milward, Alan & Saul, S. B. (1973). *The Economic Development of Continental Europe, 1780-1870.*

Evans, Peter B.; Rueschemeyer, Dietrich & Skocpol, Theda, eds. (1985). *Bringing the State Back In.* New York: Cambridge Univ. Press.

Fitzgerald, E. V. K. (1985). "The Problem of Balance in the Peripheral Socialist Economy: A Conceptual Note," *World Development,* XIII, 1, Jan., 5-14.

Foster-Carter, Aidan (1985). "Friedrich List Lives," *Inside Asia.* Sept.-Oct., 33-34.

Frank, André Gunder (1978). *World Accumulation, 1492-1789.* New York: Monthly Review Press.

Frank, André Gunder (1979). *Dependent Accumulation and Development.* New York: Monthly Review Press.
〔吾郷健二訳『従属的蓄積と低開発』岩波書店〕

Fröbel, Folker; Heinrichs, Jürgen & Kreye, Otto (1980). *The New International Division of Labor.* Cambridge: Cambridge Univ. Press.

Fröbel, Folker; Heinrichs, Jürgen & Kreye, Otto (1986). *Umbruch in der Weltwirtschaft.* Reinbek bei Hamburg: Rohwolt.

Gerschenkron, Alexander (1962). *Economic Backwardness in Historical Perspective,* Cambridge: Belknap.

Gerschenkron, Alexander (1968). *Continuity in History and other Essays.* Cambridge: Belknap.

Gregor, A. James (1979). *Italian Fascism and Developmental Dictatorship.* Princeton: Princeton Univ. Press.

Griffen, Keith (1981). "Economic Development in a Changing World," *World Development,* IX, 3, Mar., 221-26.

Griffen, Keith & Gurley, J. (1985). "Radical Analyses of Imperialism, The Third World, and the Transition to Socialism: A Survey Article," *The Journal of Economic Literature,* XXIII, 3, Sept., 1089-1143.

Gülalp, Haldun (1981). "Frank and Wallerstein Revisited: A Contribution to Brenner's Critique," *Journal of Contemporary Asia,* XI, 2, 169-87.

Hagen, Everett E. (1980). "Why Economic Growth is Slow," *World Development,* VIII, 4, Apr., 291-98.

Halbach, Axel J. (1982). "A Performance Analysis of the Third World," *Intereconomics,* 17th yr., No. 2, Mar.-Apr., 75-82.

Harborth, Hans-Jürgen (1967). *Neue Industriezentren an der weltwirtschaftlichen Peripherie.* Hamburg: Hoffman and Campe.

Harborth, Hans-Jürgen (1971). "Zur Rolle der Entwicklungsländer in einer multizentrischen Weltwirtschaft," *Jahrbuch für Sozialwissenschaften,* XXII, 2, 244-56.

Hein, Wolfgang (1985). "Konstitutionsbedingungen einer kritischen Entwicklungstheorie," in F. Nuscheler, ed., *Dritte Welt-Forschung. Entwicklungstheorie und Entwicklungspolitik.* Opladen: Westdeutscher, 27-55.

Hemmer, Hans-Rimbert (1985). "Wirtschaftsordnung und Entwicklungserfolg," *Entwicklung und Zusammenarbeit,* No. 12, 16-17.

Hirschmann, Albert O. (1977). "A Generalized Linkage Approach to Development with Special Reference to Staples," *Economic Development and Cultural Change.* XXV, Supplement (Festschrift for Bert F. Hoselitz), 67-98.

Huntington, Samuel P. & Nelson, Joan M. (1976). *No Easy Choice: Political Participation in Developing Countries.* Cambridge: Harvard Univ. Press.

Hurtienne, Thomas (1981). "Peripherer Kapitalismus und autozentrierte Entwicklung. Zur Kritik des Erklärungsansatzes von Dieter Senghaas," *Prokla,* XI, 3, 105-36.

Hurtienne, Thomas (1984). "Das Beispiel Brasilien. Anmerkungen zur Entwicklungstheorie von Dieter Senghaas," *Friedensanalysen,* No. 8. Frankfurt: Suhrkamp, 349-91.

Illy, Hans F.; Sielaff, Rüdiger & Werz, Nikolaus (1980). *Diktatur—Staatsmodell für die Dritte*

Bairoch, Paul (1973). *Die Dritte Welt in der Sackgasse.* Wien: Europa.
Bairoch, Paul (1976). *Commerce extérieur et développement économique de l'Europe au XIXe siècle.* Paris: Mouton.
Bairoch, Paul (1980). "Le bilan économique du colonialisme: mythe et réalité," in L. Blussé, et al., eds., *Histoire et sous-développement.* Leiden: Leiden Univ. Center for the History of European Expansion, 29-40.
Bendix, Reinhard (1980). *Kings or People: Power and the Mandate to Rule.* Berkeley: Univ. of California Press.
Berend, Iván & Ránki, György (1974). *Economic Development in East-Central Europe in the 19th and 20th Centuries.* New York: Columbia Univ. Press.
〔南塚信吾監訳『東欧経済史』中央大学出版部〕
Berg-Schlosser, Dirk (1985). "Zu den Bedingungen von Demokratie in der Dritten Welt," in F. Nuscheler, ed., *Dritte Welt-Forschung. Entwicklungstheorie und Entwicklungspolitik.* Opladen: Westdeutscher, 233-66.
Bideleux, Robert (1985). *Communism and Development.* London: Methuen.
Bielefelder Entwicklungssoziologen (1979). *Subsistenzproduktion und Akkumulation.* Saarbrücken: Breitenbach.
Blaschke, Jochen (1983). *Perspektiven des Weltsystems. Materialien zu Immanuel Wallerstein, 'Das moderne Weltsystem'.* Frankfurt: Campus.
Blum, Jerome (1978). *The End of the Old Order in Rural Europe.* Princeton: Princeton Univ. Press.
Boeckh, Andreas (1979). *Interne Konsequenzen externer Abhängigkeit.* Meisenheim am Glan: Hain.
Braun, Gerald (1985). *Nord-Sud-Konflikt und Entwicklungspolitik.* Opladen: Westdeutscher.
Brenner, Robert (1977). "The Origins of Capitalist Development: A Critique of Neo-Smithian Marxism," *New Left Review,* No. 104, July-Aug., 25-92.
Brenner, Robert (1982). "The Agrarian Roots of European Capitalism," *Past and Present,* No. 97, 16-113.
Brus, Wlodzimierz (1985). "Socialism—Feasible and Viable?," *New Left Review,* No. 153, Sept.-Oct., 43-62.
Brus, Wlodzimierz & Kowalik, Tadeusz (1983). "Socialism and Development," *Cambridge Journal of Economics,* VII, 3/4, Sept./Dec., 243-55.
Büsch, Otto, ed. (1976). *Industrialisierung und 'europäische Wirtschaft' im 19. Jahrhundert.* Berlin: Dunker & Homblot.
Cameron, Rondo (1985). "A New View of European Industrialization," *Economic History Review,* 2d ser., XXXVIII, 1, 1-23.
Cardoso, Fernando H. & Faletto, Enzo (1976). *Abhängigkeit und Entwicklung in Lateinamerika.* Frankfurt: Suhrkamp.
Clark, Colin (1964). *The Economics of Subsistence Agriculture.* New York: St. Martins.
Collier, David, ed. (1979). *The New Authoritarianism in Latin America.* Princeton: Princeton Univ. Press.
Deutsch, Karl W. (1966). *Nationalism and Social Communication: An Inquiry into the Foundations of Nationality.* Cambridge: M.I.T. Press.
Easterlin, Richard A. (1981). "Why Isn't the Whole World Developed?," *Journal of Economic History,* XLI, 1, Mar., 1-19.
Ehrensaft, Philip & Armstrong, Warwick (1978). "Dominion Capitalism: A First Statement," *Australian and New Zealand Journal of Sociology,* XIV, 3, Pt. 2, Oct., 352-63.
Elsenhans, Hartmut, ed. (1979). *Agrarreform in der Dritten Welt.* Frankfurt: Campus.
Elsenhans, Hartmut (1981). *Abhängiger Kapitalismus oder bürokratische Entwicklungsgesellschaft.* Frankfurt: Campus.
Elsenhans, Hartmut (1984). *Nord-Süd-Beziehungen. Geschichte-Politik-Wirtschaft.* Stuttgart: Kohlhammer.

eines Bekleidungsbetriebes in Tunesien. Stand: Frühjahr, unpubl.

Van Klaveren, M. (1976). *Internationalisation and the Clothing Industry,* unpubl.

Vergopoulos, Kostas (1977). "La productivité sociale du capital dans l'agriculture familiale," *L'homme et la société*, Nos. 45-46, 89-111.

Wallerstein, Immanuel (1974). *The Modern World-System I: Capitalist Agriculture and the Origins of the European World-Economy in the Sixteenth Century.* New York: Academic Press.
〔川北稔訳『近代世界システム』Ⅰ．Ⅱ．岩波書店〕

Wallerstein, I. (1979a). *The Capitalist World-Economy.* Cambridge: Cambridge Univ. Press.
〔藤瀬浩司・日南田静真他訳『資本主義世界経済』Ⅰ．Ⅱ．名古屋大学出版会〕

Wallerstein, I. (1979b). "Y a-t-il eu une crise du XVIIe siècle?" *Annales ESC,* XXXIV, 1, 126-44.

Wallerstein, I. (1980). *The Modern World-System II: Mercantilism and the Consolidation of the European World-Economy, 1600-1750.* New York: Academic Press.

Wallerstein, I., Martin, William G. & Dickinson, Torry (1981). "Household Structures and Production Processes," *Review,* V, 3, 437-58.

Weber, Max (1924). *Gesammelte Aufsätze zur Sozial- und Wirtschaftsgeschichte.* Tübingen: Mohr (Siebeck).

Weber, M. (1972). *Wirtschaft und Gesellschaft.* Tübingen: Mohr (Siebeck).
〔世良晃志郎訳『支配の社会学』Ⅰ．Ⅱ．創文社，浜島朗訳『家産制と封建制』みすず書房，阿閉吉男・脇圭平訳『官僚制』創文社，浜島朗訳『権力と支配』みすず書房〕

Wolf, Eric (1966). *Peasants.* Englewood Cliffs, NJ: Prentice-Hall.

■ヨーロッパの発展と第三世界■

Adelman, Irma (1980). "Economic Development and Political Change in Developing Countries," *Social Research,* XLVII, 2, Sum., 213-34.
Adelman, Irma (1984). "Beyond Export-Led Growth," *World Development,* XII, 9, Sept., 937-49.
Adelman, Irma & Taft-Morris, C. (1980). "Patterns of Industrialization in the Nineteenth Century," *Research in Economic History,* V, 1-83.
Admad, Jaleel (1978). *Import Substitution, Trade and Development.* Greenwich: JAI.
Albertini, Rudolf von (1982). *Europäische Kolonialherrschaft.* München: Heyne.
Amin, Samir (1974). *Unequal Development.* New York: Monthly Review Press.
〔西川潤訳『不均等発展』東洋経済新報社〕
Anderson, Perry (1974). *Lineages of the Absolutist State.* London: New Left Books.
Andrews, Bruce (1982). "The Political Economy of World Capitalism: Theory and Practice," *International Organization,* XXXVI, 1, Win., 135- 63.

〔川田順造他訳『家族制共同体の理論』筑摩書房〕

Menahem, George (1979). "Les mutations de la famille et les modes de reproduction de la force de travail," *L'homme et la société,* Nos. 51-54, 63-101.

O'Connor, James (1978). "Accumulation Crisis," unpubl.

Olle, Werner (1980). "Internationalisierung der Produktion und Gewerkschaftspolitik," unpubl.

Pacific Research (1978). Special Volume, "Philippines: Workers in the Export Industry," *Pacific Research,* IX, 3 & 4.

Polanyi, Karl (1957). *The Great Transformation.* Boston: Beacon Press.
〔吉沢英成／野口建彦他訳『大転換』東洋経済新報社〕

Poni, Carlo (1972). "Archéologie de la fabrique," *Annales ESC,* XXVII, 6, 1475-96.

Poni, C. (1976). "All'origine del sistema di fabrica," *Rivista Storica Italiana,* LXXXVIII, 444-97.

Preiser, Erich (1968). *Die Zukunft unserer Wirtschaftsordnung.* Göttingen: Vandenhoeck & Ruprecht, 5th ed.

Reich, Peter, Sonntag, Phillip, & Holub, Hans-Werner (1977). *Arbeit-Konsum-Rechnung.* Koln: Bund-Verlag.

Samuel, Raphael (1977). "Workshop of the World: Steam Power and Hand Technology in mid-Victorian Britain," *History Workshop,* No. 3, 6-72.

Schlumbohm, Jürgen (1978). "Arbeitsproduktivität, Produktionsprozesse und Produktionsverhältnisse," unpubl.

Schwefringhaus, Judith (1978). *Funktionen der Landwirtschaft im Rahmen der neuen Weltwirtschaftsordnung.* Saarbrücken: Breitenbach.

Senghaas, Dieter (1977). *Weltwirtschaftsordnung und Entwicklungspolitik.* Frankfurt: Suhrkamp.

Senghaas-Knobloch, Eva (1979). *Reproduktion der Arbeitskraft in der Weltgesellschaft.* Frankfurt: Campus.

Slotosch, Walter (1980). "Der Beginn einer Talfahrt," *Süddeutsche Zeitung,* 12-13 Jan.

Starnberger Studien 4 (1980). *Strukturveränderungen in der kapitalistischen Weltwirtschaft.* Frankfurt: Suhrkamp.

Textile Asia, November 1979.

Textil-Wirtschaft, eds. (1977). *Schema einer Rentabilitätsberechnung für Erstellung*

Hobsbawm, E. J. (1976). "The Crisis of Capitalism in Historical Perspective," *Socialist Revolution,* No. 30, 77-96.

Hobsbawm, E. J. (1978). "Capitalisme et agriculture: Les reformateurs écossais au XVIIIe siècle," *Annales ESC,* XXXIII, 3, 580-601.

Hobsbawm, E. J. (1979). "The development of the world economy (reviewing W. W. Rostow, *The World Economy: History and Prospect*)," *Cambridge Journal of Economics,* III, 4, 305-18.

Huxley, Aldous (1932). *Brave New World.* London: Chatto & Windus.

Hymer, Stephen (1978). "International Politics and International Economics: A Radical Approach," in Hymer, ed., *The Multinational Corporation: A Radical Approach.* Cambridge: Cambridge Univ. Press, 256-72.
〔宮崎義一編訳『多国籍企業論』岩波書店〕

Jacobi, Garola & Neiss, Thomas (1980). *Hausfrauen, Bauern, Marginalisierte: Überlebensproduktion in "Dritter" und "Erster" Welt.* Saarbrücken: Breitenbach.

Kriedte, Peter, Medick, Hans, & Schlumbohm, Jürgen (1977). *Industrialisierung vor der Industrialisierung.* Göttingen: Vandenhoeck & Ruprecht.

Krogbäumker, Beate (1980). "Subsistenzproduktion und geschlechtliche Arbeitsteilung," *Peripherie,* No. 3, 14-30.

Kuchenbuch, Ludolf & Michael, Bernd, eds. (1977). *Feudalismus.* Frankfurt: Ullstein.

Lall, Sanjaya (1980). "The International Automotive Industry and the Developing World," *World Development,* VIII, 10, 789-812.

Le Bris, Emile, Rey, Pierre-Phillipe, & Samuel, Michel (1976). *Capitalisme négrier.* Paris: Maspero.

Le Mondé diplomatique, No. 309, Dec. 1979 (with articles by Marc Anvers, Nicolas Baby, Claude Courlet, & Pierre Judet, Joyce Kolko, Jean Roussel) and subsequent issues.

Lenz, Ilse (1980). "Überlegungen zum Verhältnis von Staat, Subsistenzproduktion und Sozialbewegungen," *Peripherie,* No. 3, Dec., 5-13.

Mandel, Ernest (1978). *The Second Slump.* London: New Left Books.

Marx, Karl (1867). *Das Kapital.* Hamburg: Meissner.
〔大内兵衛・細川嘉六監訳『マルクス＝エンゲルス全集』23～25巻，大月書店〕

Marx, K. (1974). *Grundrisse.* Berlin: Dietz.
〔高木幸二郎監訳『経済学批判要綱』大月書店〕

Meillassoux, Claude (1975). *Femmes, greniers et capitaux.* Paris: Maspero.

Frank, A. G. (1978b). *Dependent Accumulation and Underdevelopment*. London: Macmillan.
〔吾郷健二訳『従属的蓄積と低開発』岩波書店〕

Frank, A. G. (1978c). *Weltwirtschaft in der Krise*. Reinbek bei Hamburg: Rowohlt.

Frank, A. G. (1980). *Crisis: In the World Economy*. London: Heinemann.

Friedmann, Harriet (1978). "World Market, State and Family Farm: Social Bases of Household Production in the Era of Wage Labour," *Comparative Studies in Society and History*, XX, 4, 545-86.

Fröbel, Folker, Heinrichs, Jürgen, Kreye, Otto, & Sunkel, Osvaldo (1973). "Internationalisierung von Kapital und Arbeitskraft," *Leviathan*, IV, 429-54.

Fröbel, F., Heinrichs, J., & Kreye, O. (1977). *Die neue internationale Arbeitsteilung*. Reinbek bei Hamburg: Rowohlt.

Fröbel, F., Heinrichs, J., & Kreye, O. (1980). The New International Division of Labour. Cambridge: Cambridge Univ. Press. - shortened English translation of Frobel, Heinrichs & Kreye (1977).

Fröbel, F., Heinrichs, J., & Kreye, O. eds. (1981). *Krisen in der kapitalistischen Weltökonomie*. Reinbek bei Hamburg: Rowohlt.

Geertz, Clifford (1963). *Agricultural Involution*. Berkeley: Univ. of California Press.
〔池本幸生訳『インボリューション　内に向かう発展』NTT出版〕

Heinsohn, Gunnar, Knieper, Rolf, & Steiger, Otto (1979). *Menschenproduktion*. Frankfurt: Suhrkamp.

Hengstenberg, Johannes & Fay, Margaret (1978-79). "Unequal Exchange," unpubl.

Hill, Christopher (1969). *Reformation to Industrial Revolution*. Harmondsworth: Penguin.　〔浜林正夫訳『宗教改革から産業革命へ』未来社〕

Hilton, Rodney, ed. (1976). *The Transition from Feudalism to Capitalism*. London: New Left Books.

Hobsbawm, Eric J. (1962). *The Age of Revolution*. London: Weidenfeld & Nicolson.
〔安川悦子・水田洋訳『市民革命と産業革命』岩波書店〕

Hobsbawm, E. J. (1965). "The Crisis of the Seventeenth Century," in T. Aston, ed., *Crisis in Europe, 1560-1660*. London: Routledge & Kegan Paul, 5-58.

Hobsbawm, E. J. (1969). *Industry and Empire*. Harmondsworth: Penguin.
〔浜林正夫・神武庸四郎他訳『産業と帝国』未来社〕

Hobsbawm, E. J. (1975). *The Age of Capital*. London: Weidenfeld & Nicolson.
〔柳父圀近・長野聰他訳『資本の時代』みすず書房〕

Arrighi, G. (1980). "Hypotheses on the Current Global Crisis," unpubl.

Banaji, Jairus (1977). "Modes of Production in a Materialist Conception of History," *Capital and Class*, No. 3, 1-44.

Bois, Guy (1976). *Crise du féodalisme*. Paris: Presses de la Fondation Nationale des Sciences Politiques.

Bois, G. (1978). "Against the Neo-Malthusian Orthodoxy," *Past and Present*, No. 79, 60-69.

Boyer, Robert (1979). "La crise actuelle: une mise en perspective historique," *Critiques de l'économie politique, Nouvelle série*, Nos. 7-8, 5-113.

Braudel, Fernand (1979). *Civilisation matérielle, Economie et Capitalisme, XV - XVIII siècle*. Paris: Armand Colin, 3 vols.
〔村上光彦訳『物質文明・経済・資本主義　15―18世紀　I 日常性の構造 1，2』山本淳一訳『同上　II 交換のはたらき 1，2』みすず書房〕

Brenner, Robert (1976). "Agrarian Class Structure and Economic Development in Pre-Industrial Europe," *Past and Present*, No. 70, 30-75.

Edwards, Anthony (1979). *The New Industrial Countries and their Impact on Western Manufacturing*. London: The Economist Intelligence Unit.

Elsenhans, Hartmut (1979). "Grundlagen der Entwicklung der kapitalistischen Weltwirtschaft," in Dieter Senghaas, ed., *Kapitalistische Weltökonomie*. Frankfurt: Suhrkamp, 103-48.

Elwert, Georg (1980). "Überleben in Krisen, kapitalistische Entwicklung und traditionelle Solidarität. Zur Ökonomie und Sozialstruktur eines westafrikanischen Bauerndorfes," *Zeitschrift für Soziologie*, IX, 4, 343-65.

Esser, Joseph, Fach, Wolfgang, Simonis, Georg (1980). "Perspektiven des 'Modells Deutschland,'" *links*, No. 122, 6-10.

Esser, J., Fach, W., Schlupp, F., & Simonis, G. (1980). "Alternative Wirtschaftspolitik?" *links*, No. 124, 9-12.

Faure, Claude (1980). "L'intégration de l'agriculture dans la société industrielle," *L'homme et la société*, Nos. 55-58, 39-60.

Foster, John (1974). *Class Struggle and the Industrial Revolution*. London: Weidenfeld & Nicolson.

Fraginals, Manuel Moreno (1978). *El Ingenio*. La Habana: Editorial de Ciencieas Sociales, 3 vols.

Frank, André Gunder (1978a). *World Accumulation, 1492-1789*. New York: Monthly Review Press.

of Sociology, XXVII, 3, Sept. 1976, 345-54.

I. Wallerstein, *The Capitalist World Economy* (London: Cambridge Univ. Press, 1979).
〔藤瀬浩司・日南田静真他訳『資本主義世界経済』I・II，名古屋大学出版会〕

J. Wolpert, "Departures from the usual environment in locational analysis," *Annals of the Association of American Geographers,* LX, 2, June 1970, 220-29.

■世界経済の今日的発展■

Altvater, Elmar, Hoffman, Jürgen, & Semmler, Willi (1979). *Vom Wirtschaftswunder zur Wirtschaftskrise.* Berlin: Olle & Wolter.

Amin, Samir (1970). *L'accumulation à l'échelle mondiale.* Paris: Editions Anthropos.

Amin, S. (1972). "Le modele théorique d'accumulation et de développement dans le monde contemporain," *Revue Tiers-Monde,* No. 52, 703-26.
〔野口祐・原田金一郎他訳『世界的規模における資本蓄積』全3分冊・柘植書房〕

Amin, S. (1973). *Le développement inégal.* Paris: Les Editions de Minuit.
〔西川潤訳『不均等発展』東洋経済新報社〕

Amin, S. (1977a). "La structure de classe du systeme impérialiste contemporain," *L'homme et la société,* Nos. 45-46, 68-87.

Amin, S. (1977b). "Self-reliance and the New International Economic Order," *Monthly Review,* XXIX, 3, 1-21.

AMPO (1977). Special Volume, "Free Trade Zones & Industrialization of Asia," *AMPO,* VIII, 4 & IX, 1-2 - Series Nos. 30-31.

Anderson, Perry (1974a). *Passages from Antiquity to Feudalism.* London: New Left Books.
〔青山吉信・尚樹啓太郎他訳『古代から封建へ』刀水書房〕

Anderson, P. (1974b). *Lineages of the Absolutist State.* London: New Left Books.

Andreff, Wladimir (1976). *Profits et structures du capitalisme mondial.* Paris: Calmann-Lévy.

Arbeitsgruppe Bielefelder Entwicklungssoziologen, eds. (1979). *Subsistenzproduktion und Akkumulation.* Saarbrücken: Breitenbach.

Arrighi, Giovanni (1978). "Towards a Theory of Capitalist Crisis," *New Left Review,* No. 111, 3-24.

Arrighi, G. (1979). "The Class Struggle in Twentieth-Century Europe," unpubl.

参 考 文 献

■世界経済論的アプローチにおける地理的尺度■

B.J.L. Berry & F. E. Horton, *Geographic Perspectives on Urban Systems* (Englewood Cliffs, NJ: Prentice Hall, 1970).

M. Castells, *City, Class and Power* (London: Macmillan, 1978).
〔吉原直樹他訳『都市・階級・権力』法政大学出版局〕

B.E. Coates, R.J. Johnson & P.L. Knox, *Geography and Inequality* (Oxford: Oxford Univ. Press, 1977).

K.R. Cox, *Conflict, Power and Politics in the City: A Geographic View* (New York: McGraw-Hill, 1973).

K.R. Cox, *Location and Public Problems: A Political Geography of the Contemporary World* (Chicago: Maaroufa, 1979).

R.A. Dahl, *Who Governs? Democracy and Power in an American City* (New Haven: Yale Univ. Press, 1961).
〔河村望・高橋和宏監訳『統治するのはだれか』行人社〕

K.W. Deutch, *Nationalism and Social Communication* (Cambridge: M.I.T. Press, 1966).

A.G. Frank, *Dependent Accumulation and Under-Development* (London: Macmillan, 1978).
〔吾郷健二訳『従属的蓄積と低開発』岩波書店〕

D.M. Gordon, ed., *Problems in Political Economy* (Lexington, MA.: D.C. Heath, 1971).

R. Miliband, *Parliamentary Socialism* (London: Merlin Press, 1961).

R.E. Park, "The City: Suggestions for the Investigation of Human Behaviour in the Urban Environment," *American Journal of Sociology*, XX, 5, Mar. 1915, 577-612.

S. Rokkan, *Citizens, Elections, Parties* (New York: David McKay, 1970).

D.M. Smith, *Where the Grass is Greener: Living in an Unequal World* (London: Penguin, 1979).

I. Wallerstein, "A World-System Perspective on the Social Sciences," *British Journal*

執筆者紹介

Immanuel Wallerstein（イマニュエル・ウォーラーステイン）

ニューヨーク州立大学（米）社会学講座主任教授，フェルナン・ブローデルセンター所長。主著『近代世界システムⅠ・Ⅱ・Ⅲ（以下続刊）』（Ⅰ，岩波書店）。

Terence K. Hopkins（テレンス・K・ホプキンス）

ニューヨーク州立大学（米）社会学教授。主著『世界システム分析』（共著）。

Peter J. Taylor（ピーター・J・テーラー）

ニューキャッスル大学（英）地理学教授。『季刊　政治地理学』編集人。

Folker Fröbel（フォルカー・フレーベル）

シュタルンベルガー研究所（独）上級研究員。主著『新しい国際分業』（共著）。

Dieter Senghaas（ディーター・ゼングハース）

ブレーメン大学（独）平和学教授。主著『ヨーロッパの経験』。

Samir Amin（サミール・アミン）

第3世界フォーラム（セネガル〔ダカール〕）所長。主著『世界的規模における資本蓄積』（柘植書房）。

訳者紹介

山田鋭夫（やまだ・としお）

名古屋大学教授

市岡義章（いちおか・よしあき）

千葉経済大学助教授

原田太津男（はらだ・たつお）

中部大学助教授

叢書〈世界システム〉1
ワールド・エコノミー　新装版

1991年6月25日　初版第1刷発行
2002年9月30日　新装版第1刷発行©

訳　者　山田鋭夫他
発行者　藤原良雄
発行所　株式会社　藤原書店
〒162-0041　東京都新宿区早稲田鶴巻町523
電話　03(5272)0301
FAX　03(5272)0450
振替　00160-4-17013

印刷・製本　中央精版

落丁本・乱丁本はお取替えいたします
定価はカバーに表示してあります
Printed in Japan
ISBN4-89434-302-9

あらゆる切り口で現代経済に迫る最高水準の共同研究

〈レギュラシオン・コレクション〉（全四巻）

ロベール・ボワイエ＋山田鋭夫＝共同編集

初の日仏共同編集による画期的なコレクション。重要論文の精選に加え、激動の現時点に立った新稿を収録。不透明な世界システムの再編下、日仏をはじめ世界の第一級のエコノミスト・論客を総結集した、最高かつ最先端の成果で21世紀の羅針盤を呈示。

1　危機——資本主義
Ａ５上製 320 頁 **3689 円**（1993 年 4 月刊）◇4-938661-69-1
（執筆者）R・ボワイエ、山田鋭夫、G・デスタンヌ＝ド＝ベルニス、H・ベルトラン、A・リピエッツ、平野泰朗

2　転換——社会主義
Ａ５上製 368 頁 **4272 円**（1993 年 6 月刊）◇4-938661-71-3
（執筆者）R・ボワイエ、グルノーブル研究集団、B・シャバンス、J・サピール、G・ロラン

3　ラポール・サラリアール
Ａ５上製 384 頁 **5800 円**（1996 年 6 月刊）◇4-89434-042-9
（執筆者）R・ボワイエ、山田鋭夫、C・ハウェル、J・マジエ、M・バーレ、J・F・ヴィダル、M・ピオーリ、B・コリア、P・プチ、G・レイノー、L・A・マルティノ、花田昌宣

4　国際レジームの再編
Ａ５上製 384 頁 **5800 円**（1997 年 9 月刊）◇4-89434-076-3
（執筆者）R・ボワイエ、J・ミストラル、A・リピエッツ、M・アグリエッタ、B・マドゥフ、Ch-A・ミシャレ、C・オミナミ、J・マジエ、井上泰夫

日仏共同研究の最新成果

戦後日本資本主義

（調整と危機の分析）

山田鋭夫＋R・ボワイエ編

山田鋭夫、R・ボワイエ、磯谷明徳、植村博恭、海老塚明、宇仁宏幸、遠山弘徳、平野泰朗、花田昌宣、鍋島直樹、井上泰夫、B・コリア、P・ジョフロン、M・リュビンシュタイン、M・ジュイヤール

Ａ５上製　四一六頁　六〇〇〇円
（一九九九年二月刊）
◇4-89434-123-9

世界システム論を超える

新しい学
（二十一世紀の脱=社会科学）

I・ウォーラーステイン
山下範久訳

一九九〇年代の一連の著作で、近代世界システムの終焉を宣告し、それを踏まえた知の構造の徹底批判を行なってきた著者が、人文学／社会科学の分裂を超え新たな「学」の追究を訴える渾身の書。

A5上製　四六四頁　四八〇〇円
（二〇〇一年三月刊）
◇4-89434-223-5

THE END OF THE WORLD AS WE KNOW IT　Immanuel WALLERSTEIN

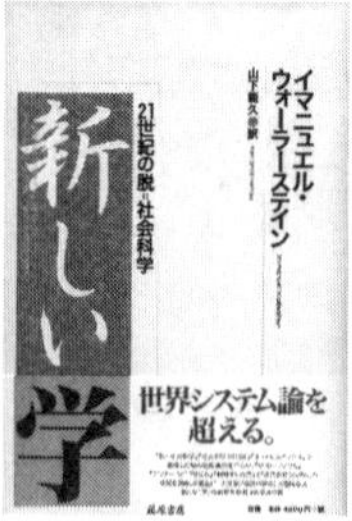

「西洋中心主義」徹底批判

リオリエント
（アジア時代のグローバル・エコノミー）

A・G・フランク　山下範久訳

ウォーラーステイン「近代世界システム」の西洋中心主義を徹底批判し、アジア中心の単一の世界システムの存在を提唱。世界史が同時代的に共有した「近世」像と、そこに展開された世界経済のダイナミズムを明らかにし、全世界で大反響を呼んだ画期作の完訳。

A5上製　六四八頁　五八〇〇円
（二〇〇〇年五月刊）
◇4-89434-179-4

ReORIENT　Andre Gunder FRANK

西洋中心の世界史をアジアから問う

グローバル・ヒストリーに向けて

川勝平太編

大反響を呼んだフランク『リオリエント』の「西洋中心主義批判」を受け、気鋭の論者二三人がアジア交易圏からネットワーク経済論までを駆使して、「海洋アジア」と「日本」から、世界史を超えた「地球史」の樹立を試みる！

四六上製　二九六頁　二九〇〇円
（二〇〇二年二月刊）
◇4-89434-272-3

「アジアに開かれた日本」を提唱

新版 アジア交易圏と日本工業化
（1500-1900）

浜下武志・川勝平太編

西洋起源の一方的な「近代化」モデルに異議を呈し、近世アジアの諸地域間の旺盛な経済活動の存在を実証、日本の近代における経済的勃興の要因を、そのアジア交易圏のダイナミズムの中で解明した名著！

四六上製　二九六頁　二八〇〇円
（二〇〇一年九月刊）
◇4-89434-251-0

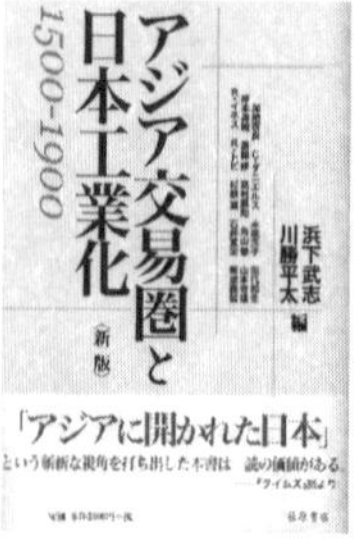